Die mittelalterliche Kolonisation
Vergleichende Untersuchungen

D1720271

# Die mittelalterliche Kolonisation

## Vergleichende Untersuchungen

Studentische Arbeiten aus dem internationalen Seminar,
veranstaltet in Prag, vom 7. bis 11. März 2005

Herausgegeben
von Michael Brauer,
Pavlína Rychterová
und Martin Wihoda

Zentrum für mediävistische Studien
cms

FILOSOFIA - ΦΙΛΟΣΟΦΙΑ
Prag 2009

Diese Publikation ist entstanden im Rahmen des Projektes LC 521
Centrum základního výzkumu *Křesťanství a česká společnost
ve středověku. Normy a skutečnost.*

Gutachter:
doc. dr. Libor Jan
und Mgr. Jan Hrdina

Herausgegeben in FILOSOFIA (Verlag des Philosophischen Instituts
der Akademie der Wissenschaften der Tschechischen Republik)

ISBN 978-80-7007-308-7

# Inhalt

# Kolonisation und Akkulturation im Mittelalter: vergleichende europäische und regionale Perspektiven. Einleitung

PAVLÍNA RYCHTEROVÁ,
MICHAEL BRAUER, MARTIN WIHODA

Der vorliegende Band stellt im gewissen Maße ein Experiment dar. Er soll die gemeinsame Arbeit von Studenten und Doktoranden widerspiegeln, die im Frühjahr 2004 an einem Seminar zur Geschichte der Kolonisation im Mittelalter teilgenommen haben. Das Seminar fand im Zentrum für mediävistische Studien Prag statt, teilgenommen haben an ihm Dozenten und Studenten von vier Partneruniversitäten: Der Universität Konstanz (Fachbereich für Geschichte und Soziologie), der Karls-Universität Prag (Philosophische Fakultät), der T. G. Masaryk-Universität im Brün (Philosophische Fakultät) und Humboldt-Universität zu Berlin (Philosophische Fakultät I). Gemeinsame internationale Seminare organisiert das Zentrum für mediävistische Studien seit dem Jahr 2002. An den ersten zwei Veranstaltungen nahmen Studenten und Dozenten der Universität Konstanz, der Johann Wolfgang Goethe--Universität Frankfurt am Main (Philosophische Fakultät) und der

Karls-Universität Prag teil. Die Themen wurden von den beteiligten Dozentinnen, Prof. Dr. Felicitas Schmieder und Dr. Pavlína Rychterová unter dem gemeinsamen Titel „Schnittstellen der deutschen und tschechischen Geschichte" formuliert. Zuerst wurde die Problematik der politischen Geschichte des 13. Jahrhunderts und des damit verbundenen chronikalischen und historiographischen Narrativs behandelt (Rudolf I. und Přemysl Ottokar II. in den Quellen, Forschung und Tradition), danach Gründung der Karls-Universität Prag im Kontext der mitteleuropäischen Universitätsgründungen des 14. und 15. Jahrhunderts. Das Seminar zur Problematik der mittelalterlichen Kolonisation stellte die dritte Veranstaltung dieser Art im vorgegebenen Rahmen dar. Gemeinsame Veranstaltungen mit den Universitäten in Berlin, Konstanz, Tübingen und Hagen folgten.

Mit dem Entwurf der gemeinsamen Seminare im Fach mittelalterliche Geschichte verfolgen wir mehrere Ziele: Zum einen geht es um eine bessere Einbindung von Studenten und Dozenten in die jeweilige Organisation der Forschung und Lehre an ausländischen Universitäten im Rahmen bestehender zwischenuniversitärer Partnerschaften. Zum zweiten soll ein reger Austausch zwischen den Studierenden und Lehrenden angeregt werden, indem sie während des Seminars ihre jeweiligen wissenschaftlichen und didaktischen Ansätze vergleichen und neue Erkenntnisse auf mehreren Ebenen gewinnen können. Zum dritten geht es darum, potenziell an einem langfristigeren Aufenthalt an der jeweiligen Partneruniversität Interessierte darauf vorzubereiten und ihnen zu einer raschen und besseren Orientierung an der zukünftigen Gastinstitution zu verhelfen.

Im Fach mittelalterliche Geschichte hat sich für die Organisation der gemeinsamen Seminare aus mehreren Gründen die grundlegende Orientierung an deutschen Universitäten als ungemein fruchtbar erwiesen. Aufgrund von historischen Begebenheiten sind die tschechische und deutsche Mediävistik eng verbunden. Schon seit dem 19. Jahrhundert, in dem die Grundlagen der modernen europäischen Geschichtsschreibung gelegt wurden, entwickelte sich die nationale tschechische Historiographie gemeinsam mit der deutschsprachigen bzw. deutschen nationalen Historiographie. Viele Themen der nationalen Geschichtsschreibung bildeten in Zeiten des europäischen Nationalismus notwendigerweise eine Legitimationsgrundlage für nationalistisch definierte wirtschaftspolitische Ansprüche der jeweiligen wirtschaftlichen und intellektuellen Eliten. Gerade die Geschichte des Mittelalters bot eine hervorragende Projektionsfläche für legitimatorische Bemühungen aller Art, da im Mittelalter der Beginn des Prozesses des sog. Werdens der Nationen gesucht - und auch gefunden - wurde. Die tschechische Nationalhistoriographie orientierte sich bei dieser Suche nach den Ursprüngen der böhmisch-tschechischen Nation an der deutschen Historiographie. In Konzepten, Methoden und auch in der Geschichtstheorie folgte sie diese treu, in der Interpretation der einschlägigen Quellen nahm sie oft entgegengesetzte Positionen ein - vor allem, wenn im Zentrum der Untersuchung Quellen standen, deren Interpretation einen politischen Anspruch untermauern konnten. Die zeitweise auch sehr heftigen Diskussionen über viele dieser Themen begleiteten somit die moderne tschechische aber auch die deutsche Geschichtsschreibung seit ihren Ursprüngen. Heutzutage stellen sie meist einen lohnenswerten Gegenstand von Untersuchungen im Bereich der Geschichte der Historiographie dar, was aber noch längst nicht bedeutet, dass die Denkweisen, die sie repräsentierten, aus der tschechischen, aber auch deutschen Mediävistik gänzlich verschwunden wären.

Die Geschichte der deutschen und tschechischen Historiographie und die Geschichte der Interpretationen nationalpolitisch aufgeladener Themen wie auch die Geschichte der Begriffsbildung und der Theorien der Erzählung bilden einen wichtigen Teil der Arbeit in den internationalen Seminaren. Die Teilnehmer werden aufgefordert, in der Denkweise ihrer anderssprachigen Kolleginnen und Kollegen nach Gemeinsamkeiten und Unterschieden zu suchen. Diese Unterschiede und Gemeinsamkeiten bilden dann die eigentliche Grundlage der weiteren Quelleninterpretation. Die Studierenden werden somit zu einer erhöhten Sensibilität gegenüber allen eingeprägten und daher unkritisch übernommenen Denkweisen und Voraussetzungen, die man gewöhnlicher Weise nicht weiter hinterfragt, motiviert. Der ungemein hohe Lerneffekt wird dabei auch durch die Tatsache erhöht, dass diese Seminare üblicherweise als einwöchige Blockveranstaltungen an einer der beteiligten Partneruniversitäten organisiert werden, was den Studierenden einen intensiven Kontakt mit ihren anderssprachigen Kolleginnen und Kollegen ermöglicht und den Dozenten eine Chance gibt, die einzelnen Probleme in einer konzentrierten Zusammenarbeit mit den Studierenden in allen Aspekten gründlich zu behandeln. Oft ist ein verstärktes Interesse der einzelnen Teilnehmer an der Mediävistik die Folge einer solchen intensiven Arbeit.

Dies war auch der Fall bei dem Seminar zur Problematik der Kolonisation im Mittelalter. Mehrere Studierende, die daran teilgenommen haben, befinden sich zur Zeit in ihrem Promotionsstudium. Diese Tatsache kann wohl als unbestreitbarer Beleg dafür dienen, dass eine solche Form des Hochschulunterrichts sinnvoll und wünschenswert ist. Das Besondere an diesem konkreten Seminar war, dass nicht nur zwei, sondern gleich vier Partneruniversitäten daran teilgenommen haben und im Zentrum der Aufmerksamkeit nicht nur eine sozusagen deutsch-tschechische (oder tschechisch--deutsche) Perspektive stand, sondern eine Perspektive der vergleichenden Historiographie. Vor allem für die Problembereiche, die unter einer besonderen „historischen" Last der nationalen tschechischen und nationalen deutschen Mediävistik leiden, zeigt sich ein solcher Zugang als ungemein lohnend.

*       *       *

Man muss sich dabei zuerst fragen: Warum sollte man in einem tschechisch-deutschen Seminar zur Geschichte der Kolonisation, weit entfernte europäische Beispiele besprechen? Wäre es nicht viel naheliegender, die gemeinsame Geschichte der beiden Länder als Thema zu wählen und auf diese Weise verschiedene Perspektiven zu entwickeln? Welchen Sinn soll ein Vergleich ergeben?

Die Gruppe der Studierenden aus Berlin, die an dem gemeinsamen Seminar teilnahm, hatte dabei einen Ansatz erprobt, der an der Humboldt-Universität zu Berlin schon länger in Lehre und Forschung eine Rolle spielt: Die „Berliner Schule" der Mittelalterforschung hat ihre Basis im „Institut für vergleichende Geschichte Europas im Mittelalter" (IVGEM), das im Jahr 1998 an der Humboldt-Universität zu Berlin gegründet wurde.[1] Aufgabe und Ziel des Instituts ist, die Geschichte des mittelalterlichen Europa in Forschung und Darstellung auf komparatistischer Grundlage zu entwickeln und durch internationale wie interdisziplinäre Kooperation zu fördern. Damit fängt das Problem schon an, denn was soll man unter „Europa" im Mittelalter verstehen? Dabei muss deutlich gesagt werden, dass „Europa" für die meisten Menschen des Mittelalters, abgesehen von einigen wenigen Literaten, kein Ordnungsbegriff war. Von Europa sprechen wir also immer aus heutiger Sicht. Das klassische Konzept ist, darunter das römisch-katholische Westeuropa, das Abendland, zu begreifen. Dieses Konzept soll erweitert

---

[1] Programmatisch zum Ansatz vgl. *Michael Borgolte*, Perspektiven europäischer Mittelalterhistorie an der Schwelle zum 21. Jahrhundert, in: Das europäische Mittelalter im Spannungsbogen des Vergleichs. Zwanzig internationale Beiträge zu Praxis, Problemen und Perspektiven der historischen Komparatistik, ders. (hrsg.) (Europa im Mittelalter, Bd. 1) Berlin 2001, 13–27. Die Erträge der Europaforschung sind in der Reihe „Europa im Mittelalter. Abhandlungen und Beiträge zur historischen Komparatistik" (Akademie Verlag Berlin, 2001ff.) dokumentiert; für die Erweiterung hin zur transkulturellen Forschung siehe jetzt Mittelalter im Labor. Die Mediävistik testet Wege zu einer transkulturellen Europawissenschaft, Michael Borgolte – Juliane Schiel – Bernd Schneidmüller – Annette Seitz (Hrsg.), Berlin 2008, den Ergebnisband der ersten Förderphase vom DFG Schwerpunktprogramm „Integration und Desintegration der Kulturen im europäischen Mittelalter" (SPP 1173).

werden zu einem Bild von Europa, das einen größeren Raum mit
Byzanz und den orthodoxen slawischen Staaten umschließt und
auch den Anteil der nichtchristlichen Kulturen des Judentums und
des Islam einbezieht.

Diese neue europäische Geschichte soll die nationalen und
regionalen Historiographien nicht ersetzen, sondern neben sie
treten. Die bestehenden Detailstudien sind für sie unverzichtbar,
denn das Ziel kann nicht die Erarbeitung einer allumgreifenden,
für alle verbindlichen Europa-Geschichte sein, die mehrere Generationen in Anspruch nehmen würde. Deshalb ist der Vergleich ein
so hilfreiches Instrument. Mit seiner Hilfe lassen sich Schneisen in
die unübersichtliche Vielfalt schlagen, die entsteht, wenn man den
Europa-Begriff weiter fasst und die vertrauten Erklärungen nicht
mehr greifen. Der Maßstab ist dabei flexibel: Der Vergleich von
Ländern, von Regionen, aber auch von Großräumen ist möglich.
Vergleichen heißt, Gemeinsamkeiten und Unterschiede von zwei
oder mehr Fällen durch ein gemeinsames Frageraster festzustellen.
Diese Gemeinsamkeiten und Unterschiede weisen dann den weiteren Weg der Untersuchung, der eine Erklärung zum Ziel hat,
etwa, wenn ein Phänomen in weit entfernten Regionen auftritt, die
sich nicht gegenseitig beeinflussen, oder wenn es in zwei benachbarten, eng verflochtenen Regionen gerade nicht auftritt. In der
Praxis empfiehlt es sich dabei, die Fragen an einem gut erforschten
Bereich zu entwickeln und auf einen anderen zu übertragen.

Die Ostsiedlung oder Kolonisation zu deutschem Recht ist
ein gut erforschtes Thema der Beziehungsgeschichte der Deutschen mit ihren östlichen Nachbarn.[2] Viele der Gegensätze der
nationalen Geschichte, die die Forschung des 19. und 20. Jahrhunderts bis in die Nachkriegszeit prägten, konnten durch eine

---

[2] Die Anmerkungen können hier auf ein Minimum reduziert werden, da der
Forschungsgeschichte der Ostsiedlung im Hinblick auf die europäische Dimension der Beitrag von Janis Nalbadidacis gewidmet ist (siehe unten, 21 bis

genauere landesgeschichtliche Forschung aufgehoben werden. So ist etwa die Theorie, die die Deutschen einseitig als „Kulturträger" ausmachte, der differenzierten Untersuchung von Rechtsformen gewichen, wobei festgestellt wurde, dass die Verleihung von „deutschem Recht" (*ius Theutonicum*) nicht an die deutsche Herkunft gebunden war. Bei allen Verdiensten der Landesgeschichte verhindert aber die Begrenzung auf den historischen Prozess und den Raum der Ostsiedlung eine Klärung dessen, was an der Ostsiedlung einzigartig ist und was ein allgemeines Phänomen.

Genau diese Fragestellung war für die Reichenau-Tagungen 1970-1972 leitend. Hier wurden erst Fallstudien zur Ostsiedlung vorgetragen, denen dann Beispiele aus Spanien, Russland und Frankreich gegenübergestellt wurden.[3] Diese Ansätze wurden bis jetzt nur selten aufgegriffen. Hinderlich ist sicher – wie bei allen vergleichenden Unternehmungen –, dass ein Forscher meist nur in einer Region Experte ist und doch den Vergleich mehrerer Fälle selbst durchführen muss. Denn nur so ist ein gleiches Frageraster gewährleistet, das aus altbekannten Beispielen neue Ergebnisse zu Tage fördern kann. So hat Peter Erlen in einer wichtigen Studie Preußen (als Beispiel der Ostsiedlung) mit Fällen des europäischen Landesausbaus verglichen (Südwestfrankreich und die Niederlande). Dabei konnte er die Ähnlichkeit vieler rechtlicher und sozialer Phänomene feststellen, so das Erbzinsrecht als dominierende Form der Grundvergabe, die überdurchschnittliche Ausstattung der Neusiedler mit Land und das Fehlen von willkürlichen Abgaben. Ge-

---

34). Die nationalen Historiographien zum Themenbereich wurden jüngst diskutiert in: Historical Approaches to Medieval Colonization of East Central Europe. A Comparative Analysis Against the Background of Other European Inter-ethnic Colonization Processes in the Middle Ages, Jan M. Piskorski (hrsg.) (East European Monographs, Bd. 611), New York 2002.

[3] Die deutsche Ostsiedlung des Mittelalters als Problem der europäischen Geschichte. Reichenau-Vorträge 1970-1972, Walter Schlesinger (hrsg.) (Vorträge und Forschungen, Bd. 18), Sigmaringen 1975.

genüber der Binnenkolonisation der westeuropäischen Regionen zeichnete sich jedoch nur Preußen durch eine „ethnische Problematik" aus.[4]

Nun ist es gerade diese ethnische Komponente, die in der Erforschung der Ostsiedlung zu so vielen Missverständnissen geführt hat, die gleichzeitig aber den besonderen Reiz des Themas ausmacht. Sucht man nach Vergleichsfällen, gelangt man zu Beispielen aus der europäischen „Peripherie", die Robert Bartlett in seiner vielbeachteten Studie „The Making of Europe" (1993) untersucht hat. Bartlett nimmt neben der Ostsiedlung die britischen Inseln, die Reconquista in Spanien, das normannische Unteritalien und Sizilien sowie die Kreuzfahrerstaaten in den Blick. Er hat dabei die These aufgestellt, dass sich in der hochmittelalterlichen Kolonisation die Kennzeichen des nachkarolingischen Westens in ganz Europa durchgesetzt haben, ja dass Europa auf diese Weise erst „europäisiert" wurde. Besondere Bedeutung kam dabei rechtlichen und institutionellen Modellen, „blueprints", wie etwa der Urkunde oder dem geistlichen Ritterorden zu.[5] Zieht man diese Fälle zum Vergleich heran, dann lässt sich die ganze Bandbreite des Kontakts zwischen Ethnien untersuchen: Eroberung, ethnischer Konflikt, Nebeneinanderleben und Assimilation.

Der Erfolg des vergleichenden europäischen Ansatzes erweist sich allerdings nicht in der Theorie, sondern in der Praxis. Dass komparativ angelegte Beiträge einen fruchtbaren Dialog mit regi-

---

[4] *Peter Erlen*, Europäischer Landesausbau und mittelalterliche deutsche Ostsiedlung. Ein struktureller Vergleich zwischen Südwestfrankreich, den Niederlanden und dem Ordensland Preußen (Historische und landeskundliche Ostmitteleuropa-Studien, Bd. 9), Marburg 1992, vgl. die Tabelle 286f.

[5] *Robert Bartlett*, The Making of Europe. Conquest, Colonization and Cultural Change, 950-1350, London 1993 (dt.: Die Geburt Europas aus dem Geist der Gewalt. Eroberung, Kolonisierung und kultureller Wandel von 950-1350. München 1996.)

onalen Studien herstellen können, hat das gemeinsame Seminar gezeigt. Dadurch wurde auch offenbar, dass europäische Perspektiven nicht erst in schwergewichtigen Forschungsprojekten, sondern bereits im Rahmen des Studiums möglich und wünschenswert sind.

＊        ＊        ＊

Eine zweite Linie der gemeinsamen Arbeit in dem Seminar bildete die zu der Perspektive der vergleichenden Historiographie komplementäre Perspektive der Regional- und Landesgeschichte. Der Rahmen, in dem die Forschungsfragen formuliert wurden, soll daher kurz beleuchtet werden.

Bereits František Palacký sah das 13. Jahrhundert als eine stürmische Periode, in welcher der germanische Feudalismus und die slawische Demokratie zusammengeraten waren, und es war wieder František Palacký, der die großen innovativen Veränderungen der böhmischen Länder und (Ost)Mitteleuropas überhaupt mit dem massenhaften Durchdringen des deutschen Ethnikums verknüpfte. In manchen seiner Schlussfolgerungen irrte er sich nicht sehr. Wohl die ernsthaftesten Vorbehalte sind gegen die Anzahl der Neuankömmlinge zu äußern, denn die jüngsten Forschungen deuten an, dass das Prinzip der großartigen Innovation des ostmitteleuropäischen Raumes nicht so sehr auf der Menge der Neuankömmlinge und der nachfolgenden Veränderung der ethnischen Struktur beruhte als eher auf einer relativ schnellen Übernahme von Rechtsnormen, der Art und Weise der Wirtschaftsführung, fortgeschrittener Technologie und später des Wertesystems und des Lebensstils.[6] Und da das „Neue" besonders aus deutschsprachigen Ländern kam, erfolgte eine teilweise sprachliche und kulturelle „Germanisierung" einiger Gesellschaftsschichten, besonders

---

[6] *Jan Klápště*, Proměna českých zemí ve středověku, Praha 2005.

des Bürgertums. Schriftliche Quellen erlauben es zwar nicht, das gegenseitige Verhältnis einzelner Ethnien zu verfolgen, nichtsdestotrotz deutet in Böhmen, Mähren und Schlesien, wo sich vor dem Jahr 1300 neben der einheimischen Bevölkerung auch Deutsche und Juden durchsetzten, nichts darauf hin, dass dort Nationalunruhen zustande gekommen wären. Viel gewichtigere Komplikationen verursachten allem Anschein nach unterschiedliche Rechtsgewohnheiten, die später in latente Rivalität, wenn nicht direkte Feindschaft zwischen dem Adel und dem reichen städtischen Patriziat mündeten.[7]

Die Ankunft des deutschen Ethnikums wird in der Regel mit dem Durchdringen neuer Rechtsnormen verknüpft, die in den Quellen ziemlich ungenau als *„ius Teutonicum"*, bezeichnet werden. Die erste ausdrückliche Erwähnung beispeilweise in den böhmischen Ländern erscheint erst im Privileg des mährischen Markgrafen Wladislaw Heinrich, der kurz vor dem Jahr 1218 die Besiedlung (Kolonisation) des Johannitereigentums nach dem deutschen Recht bewilligte. Aus der sehr allgemeinen Formulierung geht dabei leider nicht eindeutig hervor, ob der Markgraf eine konkrete Domäne im Sinn hatte. In derselben Zeit aber etablierte sich in Böhmen und etwas später in Mähren der Deutsche Orden; außerordentliche Verdienste um schnelle innovative Veränderungen machten sich die Zisterzienser, Prämostratenser und die Bischöfe von Prag und Olmütz. Die Zehntzahlungen neu gegründeter Gemeinden in klösterlichen und bischöflichen Domänen können als ein klarer Ausdruck der erfolgreichen Modernisierung von Gesellschafts- und Wirtschaftsstrukturen verstanden werden. Das bei weitem deutlichste Symbol „neuer Zeiten" stellten jedoch die Städte dar, und dieses neue Siedlungs- und Rechtsgebilde entstand auf

---

[7] *Adrienne Körmendy*, Melioratio terrae. Vergleichende Untersuchungen über die Siedlungsbewegung im östlichen Mitteleuropa im 13.-14. Jahrhundert, Poznań 1995.

den přemyslidischen Besitzungen zuerst im mährisch-schlesischen Grenzgebiet, also weit im Nordosten.[8]

Die Vorstellung, dass die ersten Stadtgemeinden in der entlegensten Gegend der böhmischen Länder entstanden, kann gewisse Verlegenheit hervorrufen, aber das älteste erhaltene Stadtprivileg, die Konfirmation des böhmischen Königs Ottokar I. für Mährisch Neustadt (Uničov) aus dem Jahre 1223, schließt jede andere Interpretation eindeutig aus. Aus dem Inhalt ergibt sich nämlich, dass gerade zehn Jahre seit der Zeit vergangen sind, wo der mährische Markgraf Wladislaw Heinrich den Bürgern von Mährisch Neustadt erlaubt hatte, sich nach dem Magdeburger Recht nach dem Vorbild der Stadt Freudenthal (Bruntál) in der Troppauer Provinz zu richten. Der königliche Notar verriet also unwillkürlich, dass um 1213 das Magdeburger Recht nur in Freudenthal bekannt war, das deswegen zum Appellationsgericht für ganz Nordmähren wurde, und obwohl die ökonomische Bedeutung dieser Ortschaft nie den regionalen Rahmen überragte, behielt sie diese Stellung bis zum Jahre 1352 bei.[9]

Trotz der Unvollständigkeit der schriftlichen Quellen konnten wohl alle wesentlichen Zusammenhänge erkannt werden, doch die Schicksale und Namen der tatsächlichen Träger dieser Veränderungen sind bis auf Ausnahmen nicht bekannt. Aus dem Charakter der Gesellschaftstransformation geht aber deutlich hervor, dass es sich jedenfalls um sehr gute Kenner von Rechtsnormen und erfahrene Organisatoren gehandelt haben muss, die Bedingungen zu vereinbaren wussten, unter welchen die Gründung von Dorf- und Stadtgemeinden günstig war. Eine weitere wichtige Schicht in den neuen Gemeinden bildeten Händler, Bergleute und Hand-

---

[8] *Jan Klápště*, Změna – středověká transformace a její předpoklady, Mediaevalia archeologica bohemica 1993, Památky archeologické – Supplementum 2, 1994, 9–59.

[9] *Martin Wihoda*, Vladislav Jindřich, Brno 2007.

werker, dank welchen fortgeschrittene technologische Verfahren in die böhmischen Länder durchdrangen. Erst dann folgten Bauern, deren Zahl jedoch wohl nicht allzu hoch war, und manches deutet darauf hin, dass eine wichtige Rolle in den Veränderungen des 13. Jahrhuderts der einheimischen Bevölkerung zukam, oder eher ihrer Bereitschaft, ungewöhnliche Methoden und Erkenntnisse aktiv einzusetzen. Es scheint also, dass über den Erfolg und Misserfolg der Lokation nicht so sehr die Quantität der Ankömmlinge, sondern ihre Qualität entschied.

Das 13. Jahrhundert wird seit Jahren zutreffend als das lange Jahrhundert der (ost)mitteleuropäischen Geschichte bezeichnet. Restlos gilt es für Verhältnisse in den přemyslidischen Erbländern, die einen durchgreifenden Erneuerungsprozess durchmachten. Die Länder bedeckte ein relativ dichtes Netz landesherrlicher Städte, im Gebirgsvorland und in bergigen Regionen stabilisierte sich dank der Bergleute die Dorfbevölkerung. Mit anderen Worten: Ostmitteleuropa betrat im 13. Jahrhundert eine neue Ära.

# I.
## *Kolonisation als Siedlungsvorgang: Probleme und Methoden*

# Deutsche Ostsiedlung:
# Moderne Ansätze

## Janis Nalbadidacis (Berlin)

## I. Einleitung

Eine Beschäftigung mit einem historischen Thema, gleich um welchen Themenkomplex es sich handelt, zieht zwangsläufig die Frage nach der Forschungsliteratur nach sich. Gerade das Themengebiet der deutschen Ostsiedlung erweist sich jedoch in dieser Hinsicht als ein spannendes Aufgabengebiet, da das 20. Jahrhundert eine Vielzahl an Forschungsansätzen auf diesem Gebiet mit sich brachte, die heftige Debatten auslösten und kontrovers diskutiert wurden. Um in den folgenden Ausführungen moderne Ansätze in der Ostmitteleuropaforschung[1] bezüglich der deutschen Ostsiedlung darzustellen, erachte ich es als sinnvoll zunächst eine knappe Skizzierung der älteren Konzepte vorzunehmen. Dieses geschieht unter dem Gesichtspunkt der Vorwürfe, die die moderne Forschung

---

[1] Mit Ostmitteleuropaforschung sei in diesem Essay die Untersuchung der mittelalterlichen Siedlungsbewegungen in Ostmitteleuropa und deren Auswirkungen gemeint.

den mittlerweile überkommenen Forschungsansätzen macht. Diese Vorgehensweise erscheint notwendig, da die Weiterentwicklung der modernen Ansätze ohne diese ersichtliche Abgrenzung nur schwerlich nachvollzogen werden kann.

In dem darauf folgenden zweiten Teil wird ausführlich auf die Reichenau-Vorträge eingegangen.[2] Diese sind als tragendes Moment der Innovation für nachfolgende moderne Ansätze unter besonderer Berücksichtigung der europäischen Dimension anzusehen.[3]

In einem dritten Teil wird auf ausgewählte Beispiele neuer Methoden, insbesondere der Methode des historischen Vergleichs, eingegangen. In diesem Kontext sind beispielsweise der Aufsatz Rohdes,[4] aber auch die Monographien Erlens[5] und Bartletts[6] zu nennen. Diese neuen Ansätze werden in diesem Abschnitt kurz

---

[2] Die deutsche Ostsiedlung des Mittelalters als Problem der europäischen Geschichte. Reichenau-Vorträge 1970–1972, Walter Schlesinger (hrsg.) (Vorträge und Forschungen, Bd. 18), Sigmaringen 1975.

[3] *Gerd Althoff*, Die Beurteilung der mittelalterlichen Ostpolitik als Paradigma für zeitgebundene Geschichtsbewertung, in: Die Deutschen und ihr Mittelalter. Themen und Funktionen moderner Geschichtsbilder vom Mittelalter (Ausblicke.), ders. (hrsg.), Darmstadt 1992, 162–163.

[4] *Gotthold Rohde*, Die Ostbewegungen des deutschen, polnischen und russischen Volkes im Mittelalter, in: Europa Slavica - Europa Orientalis. Festschrift für Herbert Ludat zum 70. Geburtstag, Klaus-Detlev Grothusen - Klaus Zernack (hrsg.) (Osteuropastudien der Hochschulen des Landes Hessen Reihe I, Giessener Abhandlungen zur Agrar- und Wirtschaftsforschung des europäischen Ostens, Bd. 100), Berlin 1980, 178–204.

[5] *Peter Erlen*, Europäischer Landesausbau und mittelalterliche deutsche Ostsiedlung. Ein struktureller Vergleich zwischen Südwestfrankreich, den Niederlanden und dem Ordensland Preußen (Historische und landeskundliche Ostmitteleuropa-Studien, Bd. 9), Marburg 1991.

[6] *Robert Bartlett*, Die Geburt Europas aus dem Geist der Gewalt. Eroberung, Kolonisierung und kultureller Wandel von 950–1350, München 1996 (Originalausgabe: The Making of Europe. Conquest, Colonization and Cultural Change, 950–1350. London 1993.).

hinsichtlich der gewählten Methode, der aufgestellten These, und der erzielten Ergebnisse vorgestellt und kritisch hinterfragt. Ein abschließendes Fazit fasst kurz die Ergebnisse dieser Arbeit zusammen.

## II. Skizzierung der Vorwürfe an die bisherige Forschung

Ein zentrales Problem der alten Ostforschung[7] stellt die Untersuchung der deutschen Ostsiedlung unter einem zumeist völkisch-nationalen Gesichtspunkt dar.[8] Von deutscher Seite aus wurden die deutschen Siedler als Kulturträger angesehen, welche den rückständigen Einheimischen Kultur brachten und sie zivilisierten.[9] Hingegen stellten die Siedler aus Sicht vieler tschechischer Historiographen lediglich ein weiteres Indiz für die Jahrhunderte lange deutsche Aggression und dem „permanenten deutschen Drang nach Osten"[10] dar. Graus spricht in diesem Kontext von der Rückprojizierung eines modernen Nationen-, Staats- und Volksbegriffs, der

---

[7] Vorrangig ist damit die Ostforschung zu der Zeit des Nationalsozialismus gemeint, deren Gedankengut und Sichtweisen jedoch auch in der Nachkriegszeit noch aktuell waren.

[8] Vgl. *Eduard Mühle*, Ostforschung. Beobachtungen zu Aufstieg und Niedergang eines geschichtswissenschaftlichen Paradigmas, Zeitschrift für Ostmitteleuropa-Forschung 46, 1997, 341.

[9] Vgl. *Hartmut Boockmann*, Die mittelalterliche deutsche Ostsiedlung. Zum Stand ihrer Erforschung und zu ihrem Platz im allgemeinen Geschichtsbewusstsein, in: Geschichte und Gegenwart: Festschrift für Karl Dietrich Erdmann, Hartmut Boockmann - Kurt Jürgensen - Gerhard Stoltenberg (hrsg.), Neumünster 1980, 136; vgl. *Althoff*, Beurteilung der mittelalterlichen Ostpolitik, 151-152; vgl. hierzu auch *Klaus Zernack*, Osteuropa. Eine Einführung in seine Geschichte, München 1977, 15-16.

[10] *Klaus Zernack*, Brandenburg und Polen im Mittelalter (1980) in: Ders., Preußen - Deutschland - Polen. Aufsätze zur Geschichte der deutsch-polnischen Beziehungen. (Historische Forschungen, Bd. 44) 2. Aufl. Berlin 2001, 171-202; Vgl. *Boockmann*, Die mittelalterliche deutsche Ostsiedlung, 133.

in dieser Form im Mittelalter sicherlich nicht existent war.[11] Gerade vor dem Hintergrund dieses völkisch-nationalen Geschichtsbildes[12] ließ sich die deutsche Ostforschung leicht für deutsche Ansprüche im Osten und den implizierten „Volkstumskampf"[13] instrumentalisieren.[14]

Des Weiteren wurde der europäische Rahmen bei der Untersuchung der Ostsiedlung weitestgehend unberücksichtigt gelassen. Demnach wurde die Ostsiedlung ausschließlich als ein isoliertes Phänomen aufgefasst und nicht als Teil großer demographischer, wirtschaftlicher, politischer und auch geistiger Veränderungen, die ganz Europa betrafen.[15]

Jedoch ist Schlesinger zu folgen, wenn er konstatiert, dass die Ergebnisse der alten Ostforschung aufgrund der kurz skizzierten Vorwürfe keinesfalls im Ganzen abzulehnen seien, da die damaligen Wissenschaftler durchaus „Ergebnisse von hohem und bleibendem wissenschaftlichen Wert erzielten".[16]

---

[11] *František Graus*, Die Problematik der deutschen Ostsiedlung aus tschechischer Sicht, in: Die deutsche Ostsiedlung, Schlesinger (hrsg.), 44.

[12] *Althoff*, Beurteilung der mittelalterlichen Ostpolitik, 153-154.

[13] Vgl. zum Volkstumsbegriff in Polen *Jan M. Piskorski*, Volksgeschichte à la polonaise. Vom Polonozentrismus im Rahmen der sogenannten polnischen Westforschung, in: Volksgeschichten im Europa der Zwischenkriegszeit, Manfred Hettling (hrsg.), Göttingen 2003, 239-271; vgl. zum Volksbegriff in Tschechien *Peter Haslinger*, Nationalgeschichte und volksgeschichtliches Denken in der tschechischen Geschichtswissenschaft 1918-1938, in: Ebda, 272-300.

[14] *Althoff*, Beurteilung der mittelalterlichen Ostpolitik, 149; Vgl. hierzu auch *Wolfgang J. Mommsen*, Vom Volkstumkampf zur nationalsozialistischen Vernichtungspolitik in Osteuropa. Zur Rolle der deutschen Historiker unter dem deutschen Nationalsozialismus, in: Deutsche Historiker im Nationalsozialismus, Winfried Schulze - Otto Gerhard Oexle (hrsg.), Frankfurt am Main 2000[4], 183.

[15] Vgl. *Boockmann*, Die mittelalterliche deutsche Ostsiedlung, 135.

[16] *Walter Schlesinger*, Zur Problematik der Erforschung der deutschen Ostsiedlung, in: Die deutsche Ostsiedlung, ders. (hrsg.), 19.

## III. Reichenau-Tagungen

Der Konstanzer Arbeitskreis für mittelalterliche Geschichte führte in den Jahren von 1970-1972 drei Reichenau-Tagungen durch. Bei der internationalen Zusammensetzung dieser Tagungen traten Fachleute unterschiedlicher Disziplinen mit der Intention, die deutsche Ostsiedlung als Problem der europäischen Geschichte zu untersuchen, zusammen. Bemerkenswert ist es vor allem, dass es gelang sowohl Vertreter tschechischer als auch deutscher Historiographie zu sammeln.[17] Maßgeblich sind in diesem Zusammenhang Walter Schlesinger und Walter Kuhn auf deutscher und František Graus auf tschechischer Seite zu nennen. Ziel war es durch dieses Vorgehen die deutsche Ostsiedlung als gemeinsames historisches Problem zu erfassen.[18] Von dieser Herangehensweise ausgehend wurde letztlich eine differenziertere Sichtweise auf die deutsche Ostsiedlung erhofft, als es bisher der Fall war.[19]

Vor diesem Hintergrund lassen sich die Tagungen in drei Bereiche gliedern:[20]

Bei der ersten Tagung standen regionalgeschichtliche Themen im Mittelpunkt. Beispielsweise die Erforschung der hochmittelalterlichen Besiedlung des Teltow,[21] bei der vor allem die gute interdisziplinäre Zusammenarbeit des archäologisch-siedlungsgeschichtlichen Forschungsprogramms hervorzuheben ist.

Hingegen wurden bei der zweiten Tagung landesgeschichtliche

---

[17] *Helmut Beumann*, Vorwort, in: Die deutsche Ostsiedlung, Schlesinger (hrsg.), 7.

[18] *Schlesinger*, Problematik der Erforschung, 30.

[19] Ebda, 12.

[20] Die Gliederung folgt der Zusammenfassung Zernacks: *Klaus Zernack*, Zusammenfassung: Die hochmittelalterliche Kolonisation in Ostmitteleuropa und ihre Stellung in der europäischen Geschichte, in: Ebda, 784.

[21] Vgl. *Adrian von Müller*, Zur hochmittelalterlichen Besiedlung des Teltow (Brandenburg). Stand eines mehrjährigen archäologisch-siedlungsgeschichtlichen Forschungsprogramms, in: Ebda, 311–332.

Themen vorgestellt. In diesem Kontext sind vorrangig die Länder
Polen und Ungarn zu nennen. Diese wurden beispielsweise unter
dem Aspekt des Rechts von Kuhn[22] und Helbig[23] untersucht.

Den weiten europäischen Rahmen versuchte man bei der
dritten Tagung zu spannen. Themenfelder waren zum Beispiel die
Siedlungsgeschichte Südwestfrankreichs vom 11. bis zum 14. Jahrhundert,[24] aber auch die Siedlungsbewegungen im alten Russland
vom 13. bis zum 16. Jahrhundert.[25]

Ergänzend zu dieser Gliederung der Reichenau-Vorträge muss
jedoch hinzugefügt werden, dass auch eine Unterteilung in metho-
dische und inhaltliche Aspekte vorgenommen werden kann. Vier
inhaltliche Leitfäden der Tagungen stellen die Fragen nach:
1. den Motiven und den politischen Voraussetzungen
2. den Rechten und der Organisation der Siedlung
3. den Trägern der Siedlung
4. den Formen der Siedlung und Wirtschaft dar.

Auf methodischer Seite wäre die Zusammenarbeit mit Fach-
leuten anderer Disziplinen, beispielsweise Menzel für die Urkundenwissenschaft,[26] sowie Wiesinger für die Dialektologie,[27] als ein
maßgebendes Moment zu nennen. Zwar sind ihre Ausführungen
thematisch an die Ostsiedlung gebunden, stellen jedoch trotzdem
eine andere Sicht auf genannte Regionen dar.

---

[22] Vgl. *Walter Kuhn*, Die deutschrechtliche Siedlung in Kleinpolen, in: Ebda,
369-415.

[23] Vgl. *Herbert Helbig*, Die ungarische Gesetzgebung des 13. Jahrhunderts und
die Deutschen, in: Ebda, 509-526.

[24] Vgl. *Charles Higounet*, Zur Siedlungsgeschichte Südwestfrankreichs vom
11. bis zum 14. Jahrhundert, in: Ebda, 657-694.

[25] *Günther Stökl*, Siedlung und Siedlungsbewegungen im alten Russland
(13.-16. Jahrhundert), in: Ebda, 755-779.

[26] Vgl. *Josef J. Menzel*, Der Beitrag der Urkundenwissenschaft zur Erforschung
der deutschen Ostsiedlung am Beispiel Schlesien, in: Ebda, 131-159.

[27] Vgl. *Peter Wiesinger*, Möglichkeiten und Grenzen der Dialektologie bei der
Erforschung der deutschen Ostsiedlung, in: Ebda, 161-192.

Als ein erstes Ergebnis kann daher die Interdisziplinarität der Tagungen, die von Schlesinger explizit gefordert wurde,[28] konstatiert werden.

Zweifellos stellt auch die Überwindung der isolierten volksgeschichtlichen Betrachtungsweise der deutschen Ostforschung und die Anerkennung der deutschen Ostsiedlung als ein gemeinsames historisches Problem ein äußerst wichtiges Ergebnis dieser Tagungen dar.[29] Dieses ist auf die Bereitschaft aller Beteiligten zurückzuführen, „über alle Gegensätze hinweg das Gemeinsame zu suchen und zu finden",[30] liegt aber auch in der Erkenntnis, dass keine methodischen Unterschiede auszumachen waren, begründet.[31] Dieses gegenseitige Entgegenkommen wird auch daran deutlich, dass es gelang sich auf einen „strukturgeschichtsräumlich verstandenen"[32] Ostmitteleuropabegriff zu einigen.

Ein ebenso wichtiger Punkt, der als weit reichende Innovation bezeichnet werden kann, war die Erkenntnis, dass die deutsche Ostsiedlung als ein europäisches Phänomen betrachtet und als solches auch angegangen werden muss.[33] Dieser Vorgabe folgend sieht Zernack den gewählten Ansatz, zunächst von den „historischen Kleinlandschaften" auszugehen, um so den „geschichtlichen Großraum"[34] zu fassen, als richtig an. Er geht jedoch weiter, wenn er in seiner Zusammenfassung inhaltliche Vergleiche zieht.[35]

Zernack hebt deutlich hervor, dass bei der Methode des Ver-

---

[28] *Schlesinger*, Problematik der Erforschung, 29: „Probleme der Ostforschung [...] nur in der Zusammenarbeit verschiedener Fächer lösbar".

[29] *Zernack*, Zusammenfassung, 785-788; 803.

[30] *Schlesinger*, Problematik der Erforschung, 16.

[31] *Beumann*, Vorwort, 7.

[32] *Zernack*, Zusammenfassung, 783.

[33] *Graus*, Problematik der deutschen Ostsiedlung, 46; *Zernack*, Zusammenfassung, 789-790.

[34] Ebda, 783.

[35] Ebda, 791-801.

gleichs das zentrale Problem der Geschichtswissenschaft, nämlich das „fruchtbare Spannungsverhältnis zwischen regionaler Individualisierung und europäisch-universalgeschichtlicher Verallgemeinerung",[36] stark zur Geltung kommt. Ziel sei es diese beiden Seiten deutlich gegeneinander abzugrenzen, so dass eine größere Transparenz der gefolgerten Synthese erreicht wird.[37] Bedingungen dafür sind eindeutige Kriterien, die dem Vergleich zu Grunde liegen.[38]

Eine hohe Ähnlichkeit oder Gleichheit der historischen Phänomene gewährleisten zu wollen lehnt Zernack an anderer Stelle hingegen als naiv ab. Schließlich bestünde die Leistung des Vergleichs erst darin sowohl Gemeinsamkeiten als auch Unterschiede zu erkennen und anhand dieser Strukturen historischer Phänomen festzumachen.[39] In diesem Sinne stellt der Vergleich dann eine Gegenüberstellung von historischen Befunden dar, um sie auf diese Weise zu profilieren.[40]

## IV. Moderne Ansätze

Nachdem nun auf die Reichenau-Tagungen eingegangen wurde, die eine große Innovation für die nachfolgenden Forschungen darstellte, wird auf konkrete Ansätze und Versuche, vergleichende Geschichte bezüglich der deutschen Ostsiedlung zu betreiben, eingegangen.

Zwar publizierte Kuhn bereits 1973 „Vergleichende Untersuchungen zur mittelalterlichen Ostsiedlung".[41] Sein Anliegen be-

---

[36] Ebda, 788.

[37] *Beumann* bei Zernack, Zusammenfassung, 788.

[38] *Zernack*, ebda, 801–802.

[39] *Zernack*, Preußen-Deutschland-Polen, 190.

[40] *Zernack.*, Zusammenfassung, 790.

[41] *Walter Kuhn*, Vergleichende Untersuchungen zur mittelalterlichen Ostsied-

stand vordergründig jedoch darin, allgemeine Punkte der Siedlungsgeschichte, beispielsweise „das Verständnis mittelalterlicher Maßeinheiten"[42] oder die „kirchliche Siedlung als Grenzschutz",[43] an Einzelbeispielen zu verdeutlichen.[44] Vor dem Hintergrund der Ausführungen Zernacks[45] bildet Kuhn in den seltensten Fällen eine Synthese von historischen Befunden, die klar gegeneinander abgegrenzt werden. Hervorzuheben als ein gelungener Vergleich ist in diesem Fall jedoch sein Aufsatz „Ritterorden als Grenzhüter des Abendlandes gegen das östliche Heidentum",[46] in dem er die Vorgehensweise unterschiedlicher Ritterordern in unterschiedlichen Gebieten einander gegenüberstellt und anschließend die Gemeinsamkeiten und Unterschiede herausstellt. Kuhn erweist sich weiterhin als vorausschauend, wenn er in seiner Einleitung explizit auf die Bedeutung des Vergleichs als „Möglichkeit wissenschaftlichen Fortschritts in der Siedlungsgeschichte"[47] hinweist.

Einen sehr erfolgreichen „Versuch eines Vergleichs"[48] des deutschen, polnischen und russischen Volkes unternimmt Rohde. Direkt zu Beginn weist er darauf hin, dass er sich von der Methode des Vergleichs klarere Erkenntnisse und eine schärfere und gerechtere Beurteilung der einzelnen Ostbewegungen erhofft.[49] Je-

---

lung (Ostmitteleuropa in Vergangenheit und Gegenwart, Bd. 16), Köln-Wien 1973.

[42]  Ebda, XI.

[43]  Ebda, XI.

[44]  Vgl. ebda, 141–173: „Der Haken in Altpreußen"; Vgl. ebda, 369–417: „Kirchliche Siedlung als Grenzschutz 1200–1250 (am Beispiel des mittleren Oderraumes)".

[45]  Siehe oben, Kap. „Reichenau-Tagungen".

[46]  *Kuhn*, Vergleichende Untersuchungen, 305–368.

[47]  Ebda, XI.

[48]  *Rohde*, Die Ostbewegungen.

[49]  Ebda, 183.

doch macht Rohde auch deutlich, dass eine große Gefahr in der Typisierung und der Verallgemeinerung darin besteht, dem individuellen historischen Sachverhalt nicht gerecht zu werden.[50] Daher legt er deutlich und klar die Kriterien, anhand derer der Vergleich durchgeführt wird, dar. Rohde vergleicht die Ostbewegungen unter folgenden drei Gesichtspunkten:

1. Ausgangslage[51]
2. Ergebnisse zur Zeit der Höhepunkte[52]
3. Motive, Formen und soziale Strukturen[53]

Der durchgeführte Vergleich ist insbesondere aufgrund seiner klaren Struktur und Kriterien sehr zu begrüßen.

Einen gänzlich anderen Ansatz wählt Petersohn, der in seinem Aufsatz an dem Beispiel Pommerns den Prozess von einer Kolonisation zu einer Neustammbildung nachvollzieht. Zwar exemplifiziert er diesen Prozess an einem Einzelfall, spricht jedoch von weiter reichenden Schlüssen, die aus den Ergebnissen gezogen werden könnten. In der Tat ist darauf zu verweisen, dass Petersohn in seinem Aufsatz einen selten untersuchten Aspekt beleuchtet.[54] Plausibel legt Petersohn dar, dass zwei Faktoren für die Bildung deutscher Neustämme ausschlaggebend sind. Zunächst einmal ist die Herausbildung territorial beziehungsweise territorialstaatlich

---

[50] Ebda, 178; 183; Vgl. hierzu auch *Patrick J. Geary*, Vergleichende Geschichte und sozialwissenschaftliche Theorie, in: Das europäische Mittelalter im Spannungsbogen des Vergleichs. Zwanzig internationale Beiträge zu Praxis, Problemen und Perspektiven der historischen Komparatistik, Michael Borgolte (hrsg.), (Europa im Mittelalter, Bd. 1), Berlin 2001, 29-33.

[51] *Rohde*, Die Ostbewegungen, 185-193.

[52] Ebda, 193-198.

[53] Ebda, 198-205.

[54] *Jürgen Petersohn*, Kolonisation und Neustammbildung – das Beispiel Pommern, in: Ostdeutsche Geschichts- und Kulturlandschaften, Teil III. Pommern, Hans Rothe (hrsg.), (Studien zum Deutschtum im Osten, Bd. 19), Köln-Wien 1988, 59.

bedingt. Zum anderen stellen „die vereinheitlichenden Wirkungen von Herrschaft und Verfassung innerhalb konstanter Räume" ein entscheidendes Moment dar.[55] Anschaulich stellt Petersohn in diesem Kontext den Wandel im Abstammungsbewusstsein der Pommern dar, der noch weit reichende Folgen haben sollte und Auslöser zahlreicher Konflikte um die Zugehörigkeit werden sollte.[56] Wichtig bei seinen Ausführungen erscheint vor allem, dass sich sein Vorgehen auch auf andere vergleichbare Prozesse im europäischen Raum anwenden und unter diesem Aspekt untersuchen lässt.

Hingegen spannt Bartlett den europäischen Rahmen ganz offen mit in seine Arbeit bezüglich der „Entstehung Europas aus dem Geist der Gewalt" ein.[57] Er verfolgt die These der Entstehung einer homogenen europäischen Gesellschaft in der Zeit von 950–1350 durch Eroberungs-, Kolonisations- und Siedlungsvorgänge des römisch-katholischen beziehungsweise durch die lateinische Kultur beeinflussten Europa.[58] Eine besondere Berücksichtigung erfährt in diesem Kontext das Verhältnis zwischen Zentrum und Peripherie.[59] In seinen viele Aspekte umfassenden Ausführungen bedient sich Bartlett der Methode des Vergleichs. Allerdings ist anzumerken, dass er hierbei sehr kleine Vergleichsoperationen durchführt. So geht er beispielsweise explizit auf die Verbreitung fränkischer Waffen[60] oder der Sprache vor Gericht ein und vollzieht diese anhand einiger Beispiele aus unterschiedlichen Regionen nach. Zwar sind die Darlegungen Bartletts in sich schlüssig, jedoch können einige seiner Ansatzpunkte kontrovers diskutiert werden, bei-

---

[55] Ebda, 70.

[56] Ebda, 73–74.

[57] *Bartlett*, Die Geburt Europas.

[58] Vgl. ebda, 11–13.

[59] Vgl. ebda, 351–352.

[60] Vgl. ebda, 91–107; 256–259.

spielsweise die Annahme der lateinischen Christenheit als Zentrum
der mittelalterlichen Welt.

Größere Vergleichsoperationen führt Erlen in seiner Untersuchung durch, bezüglich des europäischen Landesausbaus.[61] Seiner
Arbeit liegt dabei die These zugrunde, dass der agrarische Landesausbau ein prinzipiell einheitlicher Prozess der europäischen Geschichte war, „aus dem auch die deutsche Ostsiedlung nicht mehr
ausgeklammert werden kann".[62] Seinen strukturellen Vergleich zwischen den drei Großregionen Südwestfrankreich, dem Ordensland
Preußen und den Niederlanden führt er unter den Aspekten der
Rechts-, Besitz- und Siedlungsentwicklung durch.[63] Sein sehr klar
strukturierter und viele Aspekte berücksichtigender Vergleich führt
letztlich zu sehr präzisen Ergebnissen, die seine These unterstützen.[64] Allerdings ist sich Erlen bewusst, dass seine Ergebnisse lediglich einen begrenzten Beitrag zu der Festigung seiner sehr allgemein gehaltenen These, die den gesamten europäischen Rahmen
betrifft, liefern können.[65]

Eine der neuesten vergleichenden Untersuchungen der Ostsiedlung stellt der Sammelband von Piskorski dar, dessen Intention
eine Reflexion über die Rezeptionsgeschichte von verschiedenen
Ländern unter bestimmten Aspekten ist.[66] Der Sammelband glie-
dert sich in zwei Teile. Zunächst einmal stellen Historiker unterschiedlicher Herkunft unter verschiedenen Aspekten die Rolle der

---

[61] Vgl. *Erlen*, Europäischer Landesausbau, 1.

[62] Ebda, 10.

[63] Ebda, 2; 7.

[64] Vgl. ebda, 285–289.

[65] Vgl. ebda, 2.

[66] Historiographical Approaches to medieval Colonization of East Central
Europe. A comparative Analysis against the background of other European
Inter-Ethnic Processes in the Middle Ages, Jan M. Piskorski (hrsg.) (East Eu-
ropean Monographs, Bd. 611), New York 2002.

Ostsiedlung in der Geschichtsschreibung verschiedener Länder, zumeist ihrer Heimatländer, vor.[67] In einem zweiten Teil wird die Rezeption anderer europäischer mittelalterlicher Siedlungsvorgänge in landesspezifischer Geschichtsschreibung dargestellt.[68]

Diese Darlegungen bieten einerseits die Möglichkeit Rezeptionsgeschichten verschiedener Länder zu vergleichen. Andererseits lassen sich Vergleiche zwischen der Rezeption der Ostsiedlung und der anderer Siedlungsvorgänge durchführen. Insofern erhofft man sich durch die Beleuchtung dieses Themas aus unterschiedlichen Sichtweisen vielseitigere Erschließungsmöglichkeiten des Themenkomplexes Ostsiedlung. Grundlegend hierfür ist abermals der Vergleich als Methode, da dieser eine Abgrenzung und Gegenüberstellung und somit auch eine bessere Einordnung der Vorgänge ermöglicht.[69]

## *Fazit*

Die Arbeit macht deutlich, dass die Reichenau-Tagungen bei der Überwindung deutschtumgeschichtlicher Fixierung und der Anregung zu Ansätzen, die die europäische Dimension mit einbeziehen, eine entscheidende Rolle spielten. Insbesondere ist in diesem Kontext auf die Methode des Vergleichs hinzuweisen, die in der Zusammenfassung Zernacks einen großen Stellenwert einnimmt. Vor diesem Hintergrund sind die Ausführungen über die modernen Ansätze und ihre europäische Dimension im dritten Teil zu

---

[67] Vgl. ebda, Kap. I., Medieval "Colonization of the East" in the Historiography.

[68] Vgl. ebda, Kap. II., Historiography of the Other Colonization Processes in the medieval Europe.

[69] Vgl. *Henryk Samsonowicz*, Medieval Colonization in Europe (Towards a Summary), in: Ebda, 370-381.

sehen, die die Vielfalt an Möglichkeiten und den Nutzen Vergleiche durchzuführen verdeutlichen. Als maßgebliche Momente sind die Berücksichtigung des europäischen Rahmens einerseits und die damit einhergehenden besseren Einordnungs- und Beurteilungsmöglichkeiten andererseits zu nennen, die durch die gegenseitige Profilierung der Vorgänge bedingt sind.

# Siedlungsvorgänge im südlichen Portugal und im Königreich Jerusalem im 12. und 13. Jahrhundert. Einige Strukturmerkmale im Vergleich

SAMUËL COGHE (Berlin)

## I. Einleitung

*Vos ex Mauris et Moabitis Lusitanie regnum regi vestro et nostro fraudulenter subripuistis. [...] Civitates nostras et terrarum possessiones iniuste retinetis, iam annis CCC. et eo amplius LVIII., ante vos a Christianis habitas. [...]*[1] Diese Worte soll der Erzbischof von Braga 1147 bei der Belagerung Lissabons dem muslimischen Anführer gesagt haben. Sie bringen die Vorstellung eines gerechten Krieges, den Kern der *reconquista*-Ideologie, wunderbar auf den Punkt.[2] Auch den Zuhö-

---

[1] „You Moors and Moabites fraudulently seized the realm of Lusitania from your kings and ours. [...] You are holding our cities and landed possessions unjustly – and for three hundred and fifty-eight years you have so held them – which before that were held by Christians [...]" (De expugnatione Lyxbonensi. The Conquest of Lissabon, Charles Wendell David (hrsg. und übers.), New York 2001², 116–117).

[2] Der Begriff kolportiert die Vorstellung, die Mauren hätten Anfang des

rern in Clermont muss die berühmte Kreuzzugspredigt Urbans II.
ein halbes Jahrhundert vorher wie eine Aufforderung zu einem gerechten und notwendigen Krieg vorgekommen sein.[3]

Um die anschließende Eroberung und insbesondere die Besiedlung der in diesen Texten implizierten Regionen geht es in diesem Aufsatz. Mit Südportugal und dem Kreuzfahrerstaat Jerusalem
wurde für vergleichsweise kleine Gebiete optiert – die sonst häufig subsumierend unter dem größeren Nenner der christlichen iberischen Königreiche und der Kreuzfahrerstaaten untersucht werden
– weil die Möglichkeit unterschiedlicher Siedlungsmuster innerhalb
dieser Konglomerate, die zwar auf ähnliche Weise entstehen, aber
sich unter unterschiedlichen Bedingungen und unterschiedlicher
Herrschaft entwickeln müssen, a priori ernst genommen werden
muss. Während die Wahl des Königreichs Jerusalems, des wichtigsten Kreuzfahrerstaates, dem die anderen sogar zeitweise und locker
unterstellt sind, auch aufgrund der vergleichsweise guten Quellen-
und Forschungslage als logisch erscheint, bedarf die Beschränkung
auf den Süden Portugals der Erläuterung. Denn dieses Gebiet bildete nach der Eroberung keine eigene politische Einheit, sondern
wurde ‚einfach‘ in das portugiesische Königreich integriert. Die
räumliche Begrenzung auf den Süden, der hier die portugiesischen
Eroberungen vom Tejo-Becken (unter Einschluss des nördlichen
Ufers) bis zum Mittelmeer umfasst, ist im Grunde genommen eine
zeitliche, da man Anfang von Eroberung und Besiedlung eindeutig
um die Mitte des 12. Jahrhunderts mit der Eroberung von Santa-

---

8. Jahrhunderts unrechtmäßig den Großteil der Halbinsel besetzt, wobei das
Recht der Westgoten auf die Herrschaft über die Halbinsel nicht erloschen,
sondern auf ihre Nachfolger, die Asturier bzw. später alle christlichen Reiche der Halbinsel, übergegangen sei. Diese säkulare Vorstellung taucht hier
gleichwohl in religiösem Gewand auf. Zu der *reconquista*-Ideologie in Portugal,
vgl. *Stéphane Boissellier*, Réflexions sur l'idéologie portugaise de la reconquête
(XIIe-XIVe siècles), Mélanges de la casa de Velázquez 30/1, 1994, 139-165.
[3] Vgl. *Peter Thorau*, Die Kreuzzüge, München 2004, 26-27.

rém und Lisboa ansetzen kann. Diese Eingrenzung entspricht der Absicht, den Vergleich nicht durch eine zu lange Zeitspanne – wie im Falle einer gesamtportugiesischen Perspektive – zu überstrapazieren und eine größtmögliche zeitliche Konkordanz mit der Lebenszeit des Kreuzfahrerstaates Jerusalem (1099–1291) zu erlangen. Da dieser Makrovergleich nur auf der Auswertung bereits vorhandener Forschungen beruhen kann, war es bei der Auswahl auch von Bedeutung, dass der Süden Portugals in der einschlägigen Literatur als historiographische Größe in Erscheinung getreten ist.[4]

Dreierlei räumliche Diskontinuitäten müssen noch unterstrichen werden. Erstens waren weder Südportugal noch das Königreich Jerusalem vor ihrer Eroberung eigenständige politische Gebilde[5] – die hier benutzten Raumkategorien sind folglich die der Eroberer; zweitens ensteht der Raum erst nach und nach im Laufe eines jahrzehntelangen Eroberungsprozesses und drittens ist die

---

[4] Hier sind an erster Stelle die Arbeiten von Boissellier zu nennen: *Stéphane Boissellier*, Naissance d'une identité portugaise. La vie rurale entre Tage et Guadiana (Portugal) de l'Islam à la Reconquête (Xe-XIVe siècles), Lisboa 1998; *Ders.*, L'appréhension des mudéjares par la société chrétienne dans le midi portugais 1249-1496. Quelques données et propositions de réflexions, in: História. Revista da Faculdade de Letras (Porto) III, Serie 1, 2000, 183-210; *Ders.*, Population indigène, colonisation castrale et encadrement municipal dans le Midi portugais 1147-vers 1279. Une exploitation sociale de l'espace?, in: L'espace rural au Moyen Âge. Portugal, Espagne, France (XIIe-XIVe siècle). Mélanges en l'honneur de Robert Durand, Monique Bourin - Stéphane Boissellier (hrsg.), Rennes 2002, 57-79; *Ders.*, Le peuplement médiéval dans le Sud du Portugal. Constitution et fonctionnement d'un réseau d'habitats et de territoires (XIIe-XVe siècles), Paris 2003.

[5] Das Königreich Jerusalem war nur Teil eines zerfallenden muslimischen Reiches, in dem Fatimiden und Seldschuken um die Macht kämpften (*Thorau*, Kreuzzüge, 74-75). Der Süden Portugals war seinerseits weder mit dem *Gharb al-Andalus*, dem 'Westen Andalusiens', das die arabischen Geographen vom zentralen und östlichen Teil unterschieden, deckungsgleich, noch bildete dieser *Gharb al-Andalus* eine politische Einheit; die meiste Zeit war das Gebiet in vielen Taifas zersplittert (Vgl. *António Borges Coelho*, Tópicos para a história da civilização e das ideias no Gharb al-Andalus, Lisboa 1999, 21-24).

koloniale Ausdehnung nicht unumkehrbar. Das Königreich Jerusalem wird 1187 von Saladin fast völlig erobert und umfasst nach seiner Wiedergründung 1191 nur noch einen schmalen Küstenstreifen (mit von 1229 bis 1243 Jerusalem als Zusatz[6]), bevor es Ende des 13. Jahrhundert endgültig untergeht. In Portugal sind es die Almohaden, welche die glorreiche Nachfolge der Almoraviden antreten und den Portugiesen zwischen etwa 1170 und 1191 bis auf Évora fast den gesamten Süden bis zum Tejo entreißen.[7]

Da dieser Aufsatz einen Überblick über zentrale Aspekte der Kolonisation bieten soll, wurde versucht, ein breites Spektrum an Themen anzusprechen. Trotzdem kann es sich nur um eine unvollständige und durch die jeweilige Forschungslage bedingte Auswahl handeln. Dabei bildet die Unterschiedlichkeit der beiden historiographischen Traditionen das größte Hindernis bei dem Herausfiltern der *tertia comparationis*. Dies ist nicht zuletzt darauf zurückzuführen, dass der Süden Portugals im Unterschied zum Königreich Jerusalem nicht untergegangen ist, sondern nach und nach mit Hilfe des königlichen Zentralismus in einem portugiesischen Staat aufgegangen ist, in dessen Geschichte der *longue durée* die Eroberung der südlichen Landstriche nur als ein - durchaus erfolgreiches - expansives Kapitel erscheinen konnte.[8]

In einem ersten Schritt sollen die demographischen Verhältnisse geklärt werden, weil sie die Art der Besiedlung bedingen, die sich zwischen den idealtypischen Formen der Anthropisierung, der Besiedlung von menschenleeren Gebieten, und Kolonisierung, der Besiedlung von bewohnten Gebieten mit Unterordnung der loka-

---

[6] Vgl. *Joshua Prawer*, The Crusaders' Kingdom. European Colonialism in the Middle Ages, New York 2001[2], 108-109.

[7] Vgl. *José Mattoso*, A monarquia feudal (1096–1480) (História de Portugal, Bd. 2), Lisboa 1993, 78-79; 91-96.

[8] Vgl. etwa *Christophe Picard*, Le Portugal musulman (VIIIe-XIIIe siècle). L'Occident d'al-Andalus sous domination islamique, Paris 2000, 7-8 und *António Borges Coelho*, Alexandre Herculano, Lisboa 1965, 36-39.

len Bevölkerung, bewegt. Danach sollen einige wichtige Aspekte der christlichen Siedlungen beleuchtet werden wie die Akteure, der rechtliche Rahmen und die Nutzung des Raums. Das letzte Kapitel thematisiert den Umgang mit der lokalen Bevölkerung.

Vorweg noch ein paar terminologische Bemerkungen. Aufgrund der komplexen ethnischen Verhältnisse in Südportugal und dem Königreich Jerusalem[9] werden die besiegten Völker hier in der Regel nach ihrer Religionszugehörigkeit benannt, zumal diese bei ihrer Behandlung durch die christlichen Eroberer ein entscheidendes Kriterium war. In dieser Logik macht es auch Sinn, die Muslime unter neuer christlicher Herrschaft *mudéjares* und die Christen unter vorheriger muslimischer Herrschaft Mozaraber zu nennen. Da die christlich-portugiesischen Quellen in Bezug auf die Muslime konsequent *Mauri/Mouros* verwenden, wird hier der Begriff Mauren als Synonym für Muslime benutzt.[10]

## II. Demographische Voraussetzungen: Anthropisierung vs. Kolonisierung

Auf das Problem der spärlichen demographischen Daten für die hochmittelalterliche Kolonisationsgeschichte hat etwa Bartlett hingewiesen.[11] Es betrifft aber nicht nur die ‚kerneuropäische‘, sondern vielleicht noch in stärkerem Maße die kolonisierte Bevölke-

---

[9] Vgl. *Saul António Gomes*, Grupos étnico-religiosos e estrangeiros, in: Portugal em definição de fronteiras (1096-1325). Do condade portucalense à crise do século XIV, Maria Helena da Cruz Coelho - Armando Luís de Carvalho Homem (hrsg.) (Nova História de Portugal, Bd. 3), Lisboa 1996, 309-383, hier: 309 und *Thorau*, Kreuzzüge, 84-85.

[10] Zum Ursprung der Begriffe, vgl. etwa *Boissellier*, Mudéjares, 183 (mudejares) und *Gomes*, Grupos, 340-341 (Mozaraber).

[11] *Robert Bartlett*, The Making of Europe. Conquest, Colonization and Cultural change 950-1350, Princeton 1993, 106-111, hier 106: „The High Middle Ages falls clearly into the most intractable era of demographic history."

rung. So ist die portugiesische Nationalgeschichtsschreibung lange Zeit mehrheitlich davon ausgegangen, dass Südportugal zum Zeitpunkt der christlichen Eroberung größtenteils menschenleer gewesen und folglich von christlichen Siedlern neu bevölkert worden ist.[12] Die Langlebigkeit dieser These zeigt nicht nur ihre legitimatorische Kraft, sie ist auch eine indirekte Folge dessen, dass die ‚anderen', d.h. die Besiegten, in den zeitgenössischen Quellen nur spärlich vorkommen[13] und die These somit nicht leicht falsifizierbar ist. Einige neuere Studien haben dem idealtypischen Anthropisierungsmodell jedoch den Todesstoß versetzt: Während Christophe Picard durch eine Studie von Schriften arabischer Geographen und augrund archäologischer sowie toponymischer Befunde zu dem Schluss kommt, dass es im südlichen *Gharb al-Andalus* durchaus ein ansehnliches Netz von Städten, befestigten Ortschaften und Dörfern gegeben hat,[14] weist Stéphane Boissellier auf die topographische Kontinuität vieler wichtiger administrativer Zentren hin.[15]

Zwar ist natürlich von unterschiedlich dicht besiedelten Regionen im *Gharb al-Andalus* auszugehen,[16] und dürfen Städte und Dörfer im langen Eroberungsprozess einen großen Teil ihrer Bevölkerung durch Tötung oder Emigration verloren haben, aber men-

---

[12] Diese *repovoamento*-These wurde bereits Mitte des 19. Jahrhunderts von Alexander Herculano, dem Gründervater der modernen portugiesischen Geschichtsschreibung vertreten und hielt trotz der Kritik von Gama Barros einer Überprüfung durch Azevedo im Jahre 1937 stand (*Rui Pinto de Azevedo*, Período da formação territorial. Expansão pela conquista e sua consolidação pelo povoamento. As terras doadas. Agentes colonizadores, in: História da expansão portuguesa no mundo Vol 1, Antonio Baião–Hernâni Cidade – Manuel Murias (hrsg.), Lisboa 1937, 7-64, hier 13-14 und *Boissellier*, Naissance, 87).

[13] Vgl. *Boissellier*, Naissance, 88 und *Gomes*, Grupos, 333.

[14] *Picard*, Portugal, 147–179.

[15] *Boissellier*, Peuplement, 394–396.

[16] *Picard*, Portugal, 161-167.

schenleer waren sie nicht.[17] Wenn auch insbesondere die ländliche muslimische Bevölkerung in den Quellen des 12. und 13. Jahrhundert schwer greifbar ist,[18] weisen etwa der Sklavenhandel und die *forais*, die 1170, 1269 bzw. 1273 den „mauri forri", den freien Mauren, einiger Städte gewährt werden,[19] auf ihre Präsenz hin.

In Bezug auf das Königreich Jerusalem scheint eine Humanisierungsthese zwar nicht mit einer derartigen Vehemenz vertreten worden zu sein, obwohl sich auch hier die christlichen Quellen weitgehend über die muslimische Bevölkerung ausschweigen.[20] Sie findet sich zwar ansatzweise etwa bei Prawer, der die starke Abnahme der muslimischen Bevölkerung im Laufe des Eroberungsprozesses (durch Tötung und Emigration) und die sich daraus ergebenden menschenleeren Gebiete mit entsprechendem Mangel an Arbeitskräften betont,[21] aber generell geht er von einer relativ großen muslimischen Bevölkerung aus. Durch das Fehlen verlässlicher Daten müssen demographische Schätzungen wie die von Prawer,

---

[17] *A.H. de Oliveira Marques*, História de Portugal, Vol 1: Das origens ao renascimento, Lisboa 1997[13], 127 : „Não obstante, nunca houve um vazio demográfico no Sul. Cidades e aldeias podem ter perdido grande parte das suas populações, mas não ficaram desertes."

[18] *Boissellier*, Naissance, 96-109 und *Boissellier*, Mudéjares, 188-189.

[19] Portugaliae Monumenta Historica, Leges et consuetudines, 1,1, Alexandre Herculano (hrsg.), Lisboa 1856 (Reprint Liechtenstein 1967), 396-397 (Lisboa, Almada, Palmela und Alcácer); 715-716 (Silves, Tavira, Loulé und Faro) und 729-730 (Évora). Sie werden im Kapitel IV ausführlicher thematisiert.

[20] Vgl. etwa *Benjamin Z. Kedar*, The Subjected Muslims of the Frankish Levant, in: Muslims under Latin Rule (1100-1300), James M. Powell (hrsg.), Princeton 1990, 135-174, hier: 137 und *Hans Eberhard Mayer*, Latins, Muslims and Greeks in the Latin Kingdom of Jerusalem, in: Probleme des lateinischen Königreichs Jerusalem, ders. (hrsg.), London 1983, 175-192, hier 175.

[21] *Joshua Prawer*, Crusader Institutions, Oxford 1980, 118: „The country was desolate. This desolation was keenly felt in the contracted areas of Frankish farms. [...] The wastes, the arabic ‚khirbet', were spreading throughout the land and the only way to stop this degeneration was by fresh colonization."

nach den um 1180 etwa 100 000 bis 140 000 Franken im Königreich siedelten und damit 15-25% der Gesamtbevölkerung bildeten, letztendlich spekulativ und der Kritik ausgesetzt bleiben.[22]
Auch die mehrheitliche Religionszugehörigkeit der Einwohner ist
umstritten, allerdings gehen die meisten Historiker für das Königreich Jerusalem von einer muslimischen Mehrheit mit einer bedeutenden Minderheit an orientalischen Christen aus.[23]

## III. Kolonisation

### III.1 Akteure

Bei der Eroberung Südportugals bekam der portugiesische König nicht nur gelegentliche Hilfe von durchreisenden Kreuzfahrerheeren,[24] sondern an erster Stelle von den neuen Ritterorden,
den ‚internationalen' – ursprünglich im Heiligen Land gegründeten – Templer- und Hospitaliter und den ‚iberischen' – denn nur
dort vorkommenden – Orden von Santiago und Calatrava (später:
Avis).[25] Sie sind es auch, die den Großteil der ländlichen Regionen
vom König geschenkt bekommen. Auch andere, nichtmilitärische
Orden sowie der säkulare Klerus gehen nicht leer aus, während der
König selbst die Städte und größeren Ansiedlungen für sich be-

---

[22] Vgl. *Ronnie Ellenblum*, Frankish rural settlement in the Kingdom of Jerusalem, Cambridge 1998, 30-31.

[23] *Kedar*, Subjected, 148-149 und zuletzt *Thorau*, Kreuzzüge, 81.

[24] Zwischen 1147 und 1217 haben sich nach Erdmann acht verschiedene
Kreuzfahrerflotten überreden lassen, am Krieg gegen die ‚Mauren' teilzuneh-
men (*Carl Erdmann*, Der Kreuzzugsgedanke in Portugal, Historische Zeitschrift 141, 1930, 23-53, hier 30). Oliveira Marques spricht indes nur von
6 Kriegseinsätzen (*Marques*, História, 121).

[25] Vgl. zu ihrer Entstehung in Portugal: *Marques*, História, 121-2.

hält.[26] Der große Abwesende ist der Adel, der an der Eroberung des Südens kaum beteiligt war und der erst ab Mitte des 14. Jahrhunderts eine wichtige Rolle zu spielen anfängt.[27] Diese Art der Landverteilung, bei der der König als anerkannter rechtmäßiger Besitzer des gesamten eroberten Territoriums im Mittelpunkt steht, wird von der Forschung generell von der Landnahme in den nördlicheren Gebieten Portugals unterschieden, die häufig erst nach der Eigeninitiative von Adligen, Klerikern, Städten und freien Bauern zu einem rechtmäßigen Besitztitel führte.[28] Auch wenn sich die portugiesische wie die spanische Historiographie von der Theorie der pauschalen Nicht-Existenz des Feudalismus in Portugal verabschiedet hat, indem sie statt einer eng juristischen eine stärker sozialhistorische Definition annimmt, scheint diese durchaus eher auf den Nordwesten als auf den Süden zuzutreffen.[29]

Allerdings gilt es, diesen Gegensatz für Südportugal etwas zu nuancieren. Die Tatsache, dass sich erst in der zweiten Hälfte des 13. Jahrhunderts wirklich organisierte Siedlungsaktionen mit einem *populator* nachweisen lassen und dass die meisten kleineren Dörfer ohne Hinweis auf ihre Erstbesiedlung plötzlich in den Quellen auftauchen, legt die Vermutung nahe, dass spontane Landnahme

---

[26] *Marques*, História, 130-133 mit Karte, 132.

[27] *Boissellier*, Peuplement, 59.

[28] Vgl. exemplarisch *Marques*, História, 129-130. Für die gesamte iberische Halbinsel wird der Gegensatz häufig mit den Konzepten *presúria/pressura* (Norden) - *repartimiento* (Süden) wiedergegeben (Vgl. *Odilo Engels*, Die Reconquista, in: Ders., Reconquista und Landesherrschaft. Studien zur Rechts- und Verfassungsgeschichte Spaniens im Mittelalter (Rechts- und Staatswissenschaftliche Veröffentlichungen der Görres-Gesellschaft, Neue Folge, Heft 53.), Paderborn–München–Wien–Zürich 1989, 279-300, hier 298).

[29] *José Mattoso*, Identificação de um país. Ensaio sobre as origens de Portugal 1096-1325, I. Oposição, 2. Composição, Lisboa 1995[5], hier I, 49-55. Für Spanien: *Thomas Glick*, From Muslim Fortress to Christian Castle. Social and Cultural Change in Medieval Spain, New York 1995, xi.

mit nachträglicher herrschaftlicher Sanktionierung innerhalb der großen neuen Herrschaftsgebiete weiterhin eine übliche Form der Kolonisation war.[30] Die steuernde Rolle von König und Ritterorden bei der Besiedlung soll auch deshalb nicht überbewertet werden, weil die Rechtsgebiete sehr groß waren und eine Drchsetzung ihrer administrativen Verwaltung Schwierigkeiten bereitete. Darum kann man davon ausgehen, dass es vor allem die weitgehend autonomen Städte und größeren Dörfer waren, welche die Kolonisation der umliegenden Gebiete vorangetrieben oder gar juristisch festgelegt haben.[31]

Was die Herkunft der christlichen Siedler betrifft, gibt es zwar deutliche Hinweise auf die Ansiedlung von Kreuzfahrern oder anderen Einwanderern von jenseits der Pyrenäen (vor allem aus Südfrankreich und Nordwesteuropa),[32] aber die übergroße Mehrzahl der ersten Generation stammte wohl aus dem Nordwesten der iberischen Halbinsel (Galizien und Portugal) bzw. aus der Mitte Portugals.[33] Dass es dabei zwischen den Kolonisten eines Ortes häufiger familiäre Bände gab oder aber sie aus derselben Gegend kamen, ist eine bekannte Migrationslogik. Ab der zweiten und dritten Generation stammten die Siedler vor allem aus bereits existierenden Siedlungen, so dass die Migration über große Distanz gegen Mitte des 13. Jahrhunderts stark abgenommen hatte.[34] Daneben wurde auch

---

[30] *Boissellier*, Naissance, 110-120; *Boissellier*, Peuplement, 40; 43-45.

[31] Hinweise darauf, dass die Gemeinden vom Landesherrn ein entsprechendes Befugnis bekommen haben, gibt es etwa in den forais von Sintra und Évora (*Boissellier*, Peuplement, 43).

[32] Vgl. etwa *Gomes*, Grupos, 371-381 und *António Matos Reis*, Origens dos municípios portugueses, Lisboa 2002[2], 213-220.

[33] Boissellier macht vor allem die Migration aus dem Zentrum Portugals, also aus einer grenznahen Region, stark (*Boissellier*, Naissance, 114-5), während traditionell der Migrationsstrom aus dem ‚überbevölkerten' Nordwesten (Entre Douro e Minho) betont wird (*Gomes*, Grupos, 372).

[34] *Boissellier*, Naissance, 121-122.

die lokale, muslimische Bevölkerung nicht nur als unfreie, sondern sowohl in Städten - etwa für spezialisierte Handwerke - als auch im ländlichen Bereich als freie Siedler eingesetzt.[35] In manchen *forais* wurde konvertierten Mauren gar explizit die Freiheit eingeräumt, wenn sie sich vor Ort ansiedelten.[36] Überlegungen, Grenzgebiete mit verurteilten Rechtsbrechern zu besiedeln, gab es vor dem 15. Jahrhundert hingegen kaum: In dem einzig dokumentierten Fall (um 1300) geht es außerdem um die Grenze zu Kastilien.[37]

\* \* \*

Auch im Königreich Jerusalem behält der König nicht das gesamte Territorium unter direkter Eigenverwaltung: Nachdem die Krondomäne stattliche Formen angenommen hat, fängt Balduin I. an, Lehen zu vergeben und bis 1120 ist der größte Teil des Königreichs feudalisiert. Die Unterschiede in der Landverteilung zu Portugal sind sicherlich bis etwa 1150 substantiell: Es geht hier um einen deutlich am französischen Beispiel orientierten feudalen Prozess, m.a.W. um Belehnungen,[38] die Begünstigten sind fast ohne Ausnahme Ritter,[39] die Lehnsgebiete sind in der Regel viel kleiner - im

---

[35] *Gomes*, Grupos, 311; *Mattoso*, Identificação I, 262-263.

[36] *Joseph F. O'Callaghan*, The Mudejars of Castile and Portugal in the Twelfth and Thirteenth Centuries, in: Muslims, Powell (hrsg.), 11-56, hier 47 und *Gomes*, Grupos, 310.

[37] *Boissellier*, Naissance, 122. Ein ähnliches *homicianos*-Privileg wie in Kastilien scheint es in Portugal also nicht gegeben haben. Vgl. *Manuel González Jiménez*, Frontier and Settlement in the Kingdom of Castile (1085-1350), in: Medieval Frontier Societies, Robert Bartlett - Angus MacKay (hrsg.), Oxford 1989, 49-74, hier 72.

[38] Manchmal sorgten Lehns- und Treueid nur noch für eine nachträgliche Bestätigung der Verhältnisse, da manche Ritter sich auf eigene Faust ein Dorf zugeeignet hatten (*Prawer*, Kingdom, 64).

[39] Nicht-adligen Bürgern stand Grundbesitz in der Form eines Lehnsgutes nach dem Gesetz nicht zu (*Prawer*, Kingdom, 74; *Prawer*, Institutions, 251).

Normalfall so groß, dass sie zum Unterhalt eines einzigen Ritters reichen[40] – und die Lehen sind in den ersten Jahrzehnten sogar häufig nicht erblich und können daher an den König zurückfallen oder von ihm auch aus anderen Gründen konfisziert werden, so dass der königliche Einfluss (wenigstens theoretisch) recht stark bleibt.[41] Während der königliche Zentralismus in Portugal nach Abschluss des Eroberungsprozesses immer stärker zur Geltung kommt, schwindet die Macht der Krone in Jerusalem ab 1150 zugunsten einer sich herausbildenden Adelsoligarchie, die spätestens ab dem 13. Jahrhundert die eigentliche Macht innehat.[42] Auch die Militärorden und die italienischen Handelsgemeinden gewinnen stark an Einfluss.

Als Initiatoren neuer agrarischer Siedlungen treten grob genommen dieselben Akteure wie in Südportugal auf den Plan: Könige, Militärorden, Kleriker und auch Städte. Allerdings sind auch hier nur wenige Siedlungsunternehmen schriftlich dokumentiert.[43]

Im Vergleich zu Südportugal war die Einwanderungsgruppe im Königreich Jerusalem ‚internationaler': Sie speiste sich zum einen aus den vielen Regionen, die Kreuzfahrer entsandten – wobei einige Regionen wie etwa Südfrankreich, Burgund, Lothringen und Flandern sich besonders hervortaten[44] – zum anderen gab es eine

---

Sie konnten aber eine sog. *borgesie* (‚burgage-tenure'), in der Regel innerhalb der Stadtmauern, erwerben (*Prawer*, Institutions, 251).

[40] *Prawer*, Kingdom, 65.

[41] Ebda, 105.

[42] Ebda, 107–109.

[43] Vgl. *Prawer*, Institutions, 102–142.

[44] Zum Entstehen familiärer, bzw. regionaler Kreuzfahrertraditionen in der Umgebung von Angers und Chartres, vgl. *Jonathan Riley-Smith*, Families, Crusades and Settlement in the Latin East 1102–1131, in: Die Kreuzfahrerstaaten als multikulturelle Gesellschaft. Einwanderer und Minderheiten im 12. und 13. Jahrhundert, Hans Eberhard Mayer (hrsg.) (Schriften des Historischen Kollegs, Kolloquien, Bd. 37), München 1997, 1–12.

starke Einwanderung aus den italienischen Handelsstädten Pisa, Genua und Venedig, die aufgrund ihrer logistischen Hilfe bei den Kreuzzügen dem König große Privilegien abgerungen hatten.[45] Die Dominanz der ‚Franzosen' und ‚Italiener' lässt sich, sicherlich fürs 12. Jahrhundert, auch etwa an der geographischen Herkunft der Kleriker ablesen.[46] Allerdings siedelt sich ein Teil der Bevölkerung nur vorübergehend an, so etwa viele italienische Saisonkaufleute.[47] Für Jerusalem ist außerdem ein anderes, bedeutsames Siedlungsprojekt überliefert: Zur Wiederbelebung der Stadt gelingt es dem König, eine größere Gruppe von syrischen Christen aus Transjordanien in das ehemalige jüdische Viertel umzusiedeln.[48]

## III.2 Der rechtliche Rahmen

Was den rechtlichen Rahmen der (süd)portugiesischen Kolonisation betrifft, hat die Forschung einem Urkundentyp, dem sog. *carta de foro* oder *foral*, besser bekannt unter seiner ‚spanischen' Entsprechung *fuero*, große Aufmerksamkeit gewidmet und versucht, seine Exponate in Gruppen oder Familien zu untergliedern.[49] Im 12. und 13. Jahrhundert erhalten die meisten Städte und großen Dörfer vom König oder vom Landesherrn tatsächlich einen oder in Ausnahmefällen sogar mehrere *forais*.[50] Aber auch wenn es in

---

[45] *Prawer*, Kingdom, 85-92; *Marie-Luise Favreau-Lilie*, Durchreisende und Zuwanderer. Zur Rolle der Italiener in den Kreuzfahrerstaaten, in: Kreuzfahrerstaaten, Mayer (hrsg.), 69-86.

[46] *Rudolf Hiestand*, Der lateinische Klerus der Kreuzfahrerstaaten, in: Kreuzfahrerstaaten, Mayer (hrsg.), 43-68.

[47] Zu den italienischen Saisonkaufleuten, vgl. *Favreau-Lilie*, Italiener.

[48] *Prawer*, Institutions, 92-94.

[49] Vgl. etwa der Forschungsüberblick bei *Mattoso*, Identificação I, 341-352 und eine ausführliche Kategorisierung bei *Reis*, Origens.

[50] Der erste nichtkönigliche *foral*, datiert in das Jahr 1200, wurde von dem Orden von Avis ausgestellt (*Boissellier*, Naissance, 112). Zur Zunahme der

dünn besiedelten Regionen oder Grenzgebieten *forais* gegeben haben mag, die das Anlocken neuer Siedler zum primären Ziel hatten,[51] macht die zeitliche Distanz von häufig 30 bis 50 Jahren zwischen der Inbesitznahme bzw. Gründung der Ortschaften und der
Ausstellung der Urkunde klar, dass sich ihr Ziel darin keineswegs
erschöpft.[52] Vielmehr als dass sie die Kolonisation in die Wege leiten, bestätigen die *forais* bereits gewachsene Verhältnisse, indem sie
den Empfänger, d.h. den *concelho*, den Zusammenschluss der frei-
en Bürger *(vizinhos)*, als Rechtsperson anerkennen und ihm eine
gewisse Autonomie einräumen.[53] Über das Maß dieser Autonomie
ist gestritten worden. Während Borges Coelho die *forais* als eman-
zipierendes Ergebnis eines revolutionären Kampfes der empfangenden Bevölkerung und die vom Landesherrn abgetrotzte Autonomie betont, sieht die Mehrheit der Historiker in ihnen eher ein
herrschaftliches Instrument, womit der Landesherr die Städte bzw.
Dörfer dauerhaft unterordnet. Dementsprechend sieht Borges Coelho die *concelhos* als richtige Kommunen an, während die meisten
anderen ihnen diesen Grad an Selbständigkeit absprechen.[54] Neben der Organisation des *concelho* bestimmen die *forais* vor allem
die Höhe der zu entrichtenden Abgaben, das Strafgerichtswesen
und die Art des zu leistenden Militärdienstes. Indem der Aufstel-
ler diese variieren kann, kann er die *forais* als kolonisatorisches Instrument, d.h. zum Anziehen von Siedlern, einsetzen. So dürfte

---

nichtköniglichen *forais* im 13. Jahrhundert vgl. *James F. Powers*, A Society Or-
ganized for War. The Iberian Municipal militias in the Central Middle Ages
(1000-1284), Berkeley 1988, 64 und *Boissellier*, Peuplement, 59.

[51] *Mattoso*, Identificação, I, 351 und *Boissellier*, Naissance, 120-121 mit einigen Beispielen, 125-126.

[52] *Boissellier*, Mudéjares, 62; 68.

[53] *António Borges Coelho*, Comunas ou concelhos (Cadernos de Hoje, Bd. 13),
Lisboa 1973, 155-157.

[54] Vgl. *Coelho*, Comunas, insbes. 159-163 und für die Gegenposition etwa
*Mattoso*, Identificação I, 341-352 und *Marques*, História, 134.

etwa die weitgehende Abwesenheit von fiskalen Bestimmungen in den *forais* an ‚fränkische' und ‚gallische' Siedler ein Zeichen für deren Exemption sein, die manchmal auch explizit ist.[55] Die beiden wichtigsten *foral*-Gruppen für Südportugal unterscheiden sich auch deutlich in der fiskalen Frage.[56]

Davon zu unterscheiden sind sog. Lokationsurkunden *(cartas de povoamento)*, welche eine Besiedlung anordnen und die Modalitäten der Ansiedlung *a priori* regeln. Diese sind aber nur in geringem Umfang überliefert,[57] so dass der Anfangsphase der meisten Siedlungen nicht über normative Quellen beizukommen ist.

✳  ✳  ✳

Die Siedlungsurkunden im Königreich Jerusalem lassen sich wie die *forais* in bestimmten *consuetudines*-Gruppen kategorisieren.[58] Aber obwohl sie ähnlicherweise steuerliche (und manchmal auch strafrechtliche) Fragen regeln, können sie kaum mit den portugiesischen *forais* verglichen werden, weil sie keine kommunale (Teil)autonomie sanktionieren. Auch wenn dieser Aspekt der *forais* von der portugiesischen Historiographie vielleicht überbetont worden ist, können die Folgen für die Strukturierung der Siedlungsvorgänge nicht geleugnet werden. Im Königreich Jerusalem sind die Städte bis auf eine winzige Ausnahme nicht mit Privilegien, geschweige denn mit richtigem Stadtrecht ausgestattet.[59] Eine ökonomisch wichtige kommunale Organisation findet sich gleichwohl in den größeren Küstenstädten wie Tyrus und Akkon. Dort bilden die

---

[55] *Reis*, Origens, 213-220.

[56] *Reis*, Origens, 155 (Typ Évora); 172 (Typ Santarém).

[57] *Boissellier*, Naissance, 110-120.

[58] Prawer unterscheidet u.a. den *consuetudino* von Ramle, Mahumeria und Buria (Vgl. *Prawer*, Kingdom, 102-142).

[59] Nur für Jerusalem lassen sich zwei Privilegien belegen (*Prawer*, Institutions, 51-52).

ausgewanderten Bürger der italienischen Hafenstädte Genua, Pisa
und Venedig eigene Rechtsgruppen, in dem Sinne, dass sie nach
von ihren Heimatstädten ausgehandelten Privilegien siedelten und
die königlichen Gesetze für die *burgenses*, die nicht-Adligen, nicht
für sie galten.[60] Die Durchsetzung der Gesellschaft mit solchen
dauerhaft nach einem fremden, aufoktroyierten Recht siedelnden
Gruppen hat es in (Süd)portugal wiederum nicht gegeben.

### III.3 Der Raum

Wie prägte sich nun die Aneignung des Raumes aus? Gründeten
die Siedler neue Städte/Dörfer oder übernahmen sie bereits exis-
tierende Infrastrukturen? Welche Rolle spielten die Burgen bei der
Gestaltung des Raumes? Und welchen Einfluss hatte die Nähe der
Grenze mit dem Feind? Das sind die Fragen, die hier vergleichend
untersucht werden sollen.

                    *               *               *

Die Antwort auf die erste Frage fällt unterschiedlich aus. Für Südportugal ist eine deutliche Kontinuität in der Nutzung der größeren Ansiedlungen, der Städte und der verstärkten Ortschaften festgestellt worden.[61] Ob die kleineren Dörfer auf bereits existierenden
aufgebaut worden sind, harrt aufgrund unzulänglicher archäologischer Untersuchungen einer fundierten Antwort. Boissellier, der
den südportugiesischen Raum intensiv erforscht hat, ist - mit Ausnahme von der Algarve - eher skeptisch, auch wenn solche Fälle
sicherlich vorgekommen sind.[62] Er hebt die neue Raumlogik der
Siedler hervor, indem er eine stärkere Konzentration der christli-

---

[60] *Prawer*, Kingdom, 85ff.
[61] *Boissellier*, Peuplement, 394-396.
[62] *Boissellier*, Naissance, 144-162 und *Boissellier*, Peuplement, 396 und 397
(Algarve).

chen Bevölkerung im Vergleich zur muslimischen mit einhergehenden Reduktion der Zahl der bewohnten Ortschaften postuliert
und auf die Verschiebung mancher Dörfer, d.h. ihre Neugründung
in unmittelbarer Nähe, hinweist.[63]

Auch im Königreich Jerusalem ist die Weiterbenutzung der
städtischen Zentren offensichtlich. Für die ländlichen Siedlungen
modifiziert Ellenblum die Befunde von Prawer in zweierlei Hinsicht: Erstens widerspricht er der alten These einer aus Sicherheits-
gründen fast ausschließlich urbanen Gesellschaft, indem er vor
allem auf Basis archäologischer Befunde eine Vielzahl an ländlichen
Siedlungen nachweist;[64] und zweitens füllt er Prawers Annahme,
dass die meisten Siedlungen nicht *ex nihilo* entstanden sind, mit
anderem Inhalt: Die Franken hätten entweder in dünn bevölkerten
oder mehrheitlich von syrischen Christen bewohnten Regionen ge-
siedelt. Im letzten Fall lassen sie sich in der Regel neben oder – auf
eher inidividueller Basis – auch in existierenden syrischen Dörfern
nieder, deren Infrastruktur sie häufig nutzen.[65]

✻      ✻      ✻

Seitdem Pierre Toubert in den frühen Siebzigern die Rolle der
Burgen in Latium neu gedeutet hat,[66] wurde die sog. *incastellamento*-
These auch am südportugiesischen und nahöstlichen Gegenstand
überprüft. Sie postuliert, dass Burgen nicht nur aus militärischen

---

[63] *Boissellier*, Naissance, 160.

[64] Vgl. etwa *Prawer*, Kingdom, 66-7 oder *Prawer*, Institutions, 51-52. Dagegen
*Ellenblum*, Settlement, 34-6 und xviii (Karte).

[65] Vgl. etwa *Prawer*, Institutions, 104-5 und *Ellenblum*, Settlement, 36-37;
231-233; 251-252; 283. Mit dieser räumlichen Trennung von der ländlichen
muslimischen Bevölkerung erklärt Ellenblum auch deren Abwesenheit in den
christlichen Quellen (*Ellenblum*, Settlement, 231-233).

[66] *Pierre Toubert*, Les structures du Latium médiéval, Rome 1973. Vgl. zur Geschichte des Forschungs-paradigmas auch *Glick*, Fortress, 105-115.

Zwecken benutzt werden, sondern auch und häufig an erster Stelle dem Ziel dienen, die umliegenden Dörfer und Siedlungen zu polarisieren, d.h. sie an sich zu binden und zu dominieren. Trotz einiger wichtiger Unterschiede mit Latium, etwa die Weiterexistenz von nicht-fortifizierten polarisierenden Zentren und die größeren Herrschaftsgebiete mit schwächerer Fragmentierung der politischen Macht, kommt Boissellier in seiner letzten Studie zum Schluss, dass die Burgen bzw. fortifizierte Zentren im südportugiesischen Kolonisationsprozess weniger zur Verteidigung gegen eventuelle Überfälle der muslimischen Gegner, sondern vielmehr als Instrumente der räumlichen Organisierung bzw. Hierarchisierung des zu besiedelnden Gebietes dienten.[67] Die Ummauerung einer vorher unbefestigten Ortschaft durch die Siedler stellte folglich einen politischen Machtanspruch dar, zumal *forais* fast ausschließlich an verstärkte Ortschaften verliehen wurden.[68]

Am Beispiel der Burgen im Süden des Königreiches Jerusalem kommt Ellenblum zu einem ähnlichen Schluss: Da gerade in jener Zeit, in der die Burgen gebaut wurden, die Kreuzfahrer dank ihrer militärischen Superiorität kaum Angriffe aus Askalon oder aus dem Süden zu befürchten hatten, müssen die Burgen weniger als reine Verteidigungsinstrumente, sondern stärker als Siedlungspole betrachtet werden.[69] Trotz einer stärkeren Betonung des Schutzaspektes der Burgen bei Ellenburg war allerdings auch etwa

---

[67] „[...] on perçoit la fonction essentielle des fortifications des chefs-lieux de la Reconquête: fonder une communauté viable (autosuffisante et autonome) en organisant un espace humanisé cohérent et hiérarchisé autour d'un ‚centre'." (*Boissellier*, Peuplement, 177–204, Zitat 196).

[68] *Boissellier*, Peuplement, 197–200.

[69] *Ellenblum*, Settlement, 14–19, hier 19: „From all practical viewpoints the danger from the external borders could not constitute the reason for the ostensible tendency of the Franks to enclose themselves in fortresses and large cities."

Prawer sich bereits über die administrative Funktion der Burgen und ihre Rolle als Kolonisationszentren bewusst.[70]

✳      ✳      ✳

Folgt daraus, dass die Bedeutung der Grenze und damit der äußeren Bedrohung für die Kolonisation in der jüngeren Historiographie überschätzt worden ist?[71] Das *incastellamento*-Paradigma legt auf jeden Fall nahe, dass die Grenzsymbole par excellence, die Burgen, keineswegs eine nur militärische Funktion hatten und nicht nur an der Grenze entstanden sind. Gleichwohl kann und soll ihre militärische Funktion natürlich nicht gänzlich abgestritten werden. Für Südportugal gilt sicherlich auch, dass das *reconquista*-Szenario die Bedrohung zu sehr auf eine rein muslimische reduziert, denn auch die Ostgrenze zu Leon-Kastilien war im Mittelalter immer wieder umstritten.[72] Und wie wichtig gebärdete sich die Rolle der Stadtmilizen, dieses anderen typisch iberischen Grenzphänomens?[73] Oliveira Marques' Aussage, dass sie in offensiver Hinsicht keine Rolle von Bedeutung gespielt haben,[74] ist nur bedingt haltbar, denn trotz der dürftigen Quellenlage sind neben der Eroberung von Évora durch die Stadtmiliz von Santarém im Jahre 1165 auch noch andere Eroberungsaktionen derselben Miliz bekannt.[75]

---

[70] Vgl. etwa *Prawer*, Institutions, 105, 111. Ellenblums Umdeutung der Funktion der Burgen scheint mir aber weit weniger mit einer Überprüfung der mehreren Aspekte des *incastellamento*-Modells einherzugehen.

[71] Zur Grenzkolonisation, vgl. etwa *José Lacarra*, Les villes-frontières dans l'Espagne des XIe et XIIe siècles, Le Moyen Âge 69, 1963, 205–222; *Jiménez*, Frontier und *Powers*, War.

[72] Vgl. etwa *Powers*, War, 41–44.

[73] Vgl. dazu die Studie von *Powers*, War.

[74] *Marques*, História, 130.

[75] Vgl. *Mattoso*, Identificação I, 431. Diese Beispiele zeigen gleichzeitig, dass die Stadtmilizen nicht erst mit der Gewährung eines *foral* gegründet wurden,

Außerdem würde man damit der großen Bedeutung, die der Organisation der königlichen Wehrpflicht in den südlichen *forais* zukommt, nicht gerecht.[76] Allerdings – und so ist Marques wohl zu verstehen – müssen tatsächliche Eroberungen mit konsekutiver Besiedlung von einem anderen Grenzphänomen, den fast jährlichen Raubzügen, getrennt werden. Sie dauerten selten länger als eine Jahreszeit und dienten vor allem der eigenen Bereicherung.[77] Dass die Stadtmilizen an diesen Raubzügen maßgeblich beteiligt waren,[78] lässt sich auch daran ablesen, dass der König in den forais festlegen lässt, dass ihm ein Fünftel der Beute zukommt.[79]

Eine Entsprechung für diese Stadtmilizen, so Powers, gibt es in den Kreuzfahrerstaaten nicht. Tatsächlich fallen die militärischen Aufgaben hier an erster Stelle den professionalisierten Kreuzfahrerheeren und zunehmend den entstehenden Militärorden zu.[80] Nur bei einer *levée en masse* aufgrund einer militärischen Bedrohung werden auch die *burgenses* zur Waffenaufnahme genötigt.[81] Die nach einem italienischen Stadtrecht siedelnden Bürger kämpften in der Regel nur für ihre Heimatstadt, insbesondere wenn sie in den selbstverwalteten Bezirken lebten.[82]

---

sondern der Landesherr sich damit nur im Nachhinein ihre militärische Unterstützung sicherte.

[76] *Powers*, War, 43 und *Reis*, Origens, 166-167. In dem Muster*foral* von Évora betrifft die erste Bestimmung gleich den *fossado*, den offensiven Kriegszug, an dem zwei Drittel der Reiter ein Mal pro Jahr teilnehmen müssen (PMH, Leges 1,1, 392).

[77] *Boissellier*, Naissance, 89; *Mattoso*, Identificação, I, 336-337; *Marques*, História, 124-125.

[78] Vgl. *Powers*, War, Kap. VII.

[79] *Reis*, Origens, 156 (Typ Évora) und 166 (Typ Santarém).

[80] *Powers*, War, 8.

[81] *Prawer*, Kingdom, 77.

[82] *Favreau-Lilie*, Italiener, 84-85.

## IV. Die Behandlung der Besiegten[83]

Juristische Texte wie die bereits genannten *forais* an die maurischen Gemeinden, auch *aljamas* genannt,[84] belegen nicht nur eine muslimische Präsenz, sie geben auch Aufschluss über ihre Rechte und Pflichten. Sie stellen die freien Mauren („mauri forri") der genannten Städte unter direkten Schutz des Ausstellers, des portugiesischen Königs, räumen ihnen weitgehende jurisdiktionelle Autonomie ein, die durch die Wahl eines eigenen muslimischen Magistraten *(alcaide)* gewährleistet werden soll, und erlauben sogar die Beibehaltung ihrer Bräuche („foros vestros").[85] Zu den Bräuchen gehört wohl auch die Religion. Es gibt nicht nur Hinweise auf Moscheen in der *mouraria* von Lisboa,[86] es liegen generell kaum Berichte über große Missionseifer, geschweige denn gezwungene Konversionen, von christlicher Seite vor.[87] Als sich in der ersten Hälfte des 14. Jahrhunderts die Haltung gegenüber den Muslimen allmählich verschärft, existieren jedenfalls noch viele muslimische Gemeinden.[88]

---

[83] Aus Platzgründen und vor allem deshalb, weil das Spezifische an den untersuchten Gebieten nicht die dort lebenden jüdischen Gemeinden sind, die es auch andernorts gab, sondern die Unterordnung der Muslime unter lateinisch-christliche Herrschaft, werden die Juden bei dieser Betrachtung nicht eigens berücksichtigt. Auf den Umgang der Eroberer bzw. Siedler mit den lokalen, mehr oder weniger andersgläubigen Christen wird dagegen schon eingegangen.

[84] Wie Anm. 19.

[85] *Boissellier*, Mudéjares, 183 und *O'Callaghan*, Mudejars, 36.

[86] *Gomes*, Grupos, 334. Wichtige Moscheen sind nach der Eroberung aber auch in Kirchen umgewandelt worden (*O'Callaghan*, Mudejars, 42-44).

[87] Mit der Verbreitung der Bettelorden auf portugiesischem Boden scheint der Proselitismus zwar an Kraft zu gewinnen, aber die Versuche sind selten mit Erfolg gekrönt (*Gomes*, Grupos, 337-338).

[88] Für die Zeit um 1300 lassen sich insgesamt etwa anderthalb Dutzend vor

Schutz und Autonomie haben aber auch ihren Preis: Zum einen werden die freien Mauren mit Sonderabgaben und -aufgaben, darunter eine Kopfsteuer, belastet,[89] zum anderen schreiben die *forais* ihre rechtliche Segregation fest,[90] die u.a. auch darin bestand, dass sie keine Rolle in der christlichen Administration ausüben durften, was in einem Gesetz von König Afonso II. aus dem Jahre 1211 bestätigt wurde.[91] Die Texte machen aber auch deutlich, dass der portugiesische König weder an der physischen Vernichtung noch an der Konvertierung der Muslime interessiert war, sondern in ihnen vor allem Arbeitskräfte sah, die zu behalten er große Zugeständnisse zu machen bereit war.[92] Aufschlussreich ist dabei die Tatsache, dass in den meisten Städten die freien Muslime sich in ihrem Status als Rechtsperson eher geschützt sahen als die Christen.[93] Dabei können die *forais* gleichzeitig auf die Bedrängnis der empfangenden *aljama* durch lokale Machthaber hinweisen, stellt der König die Mauren mit diesem Akt doch explizit unter seinen

---

allem städtischer *aljamas* nachweisen (Vgl. *Gomes*, Grupos, 331-333 mit Karte 332).

[89] *Marques*, História, 127; *O'Callaghan*, Mudejars, 40. Die Formulierung der Kopfsteuer ist in allen maurischen *forais* dieselbe: „Et hoc facio ut uos reddatis mihi in unoquoque anno singulos morabitinos ex singulis capitibus uestris [...]" (PMH, Leges 1,1, 396; 715; 730). Zum Unmut der Kirche zahlen sie indes keinen Kirchenzehnten (*Boissellier*, Mudéjares, 192).

[90] Nach Boissellier werden die *mudejares* in den normativen Texten des 13. Jh. sogar des öfteren als „diejenigen, die einem anderen Gesetz gehorchen" bezeichnet (*Boissellier*, Mudéjares, 185).

[91] *O'Callaghan*, Mudejars, 35.

[92] *O'Callaghan*, Mudejars, 46.

[93] So jedenfalls in Lisboa, Palmela, Almada, Alcácer, Faro, Loulé und Tavira. Wie für ihre christlichen Pendants gilt es auch hier zu beachten, dass die *forais* vielmehr eine rechtliche Objektivierung der bereits existierenden maurischen Gemeinden vornehmen, als dass sie sie begründen würden, zumal nicht wenige *aljamas* offenbar ohne einen *foral* ausgekommen sind (*Gomes*, Grupos, 333).

Schutz. Das Eingreifen König Afonsos III. in dem Konflikt zwischen dem Orden von Santiago und den in ihrem Rechtsgebiet lebenden Mauren zugunsten der letzteren im Jahre 1272 weist auf jeden Fall auf die königliche Besorgnis hin.[94]

Welches demographische und ökonomische Gewicht die muslimischen *aljamas* hatten, ist nahezu unmöglich festzustellen, aber wahrscheinlich ging es um stark reduzierte Gruppen, denn viele sind bei der Eroberung geflohen oder vertrieben oder getötet worden.[95] Daneben wurden bei Eroberungs- und Beutekampagnen zahlreiche Muslime gefangen genommen, um sie zu versklaven, gegen Lösegeld wieder freizulassen oder gegen gefangene Christen einzutauschen.[96] Es entstand sogar ein reger Sklavenhandel, der erst mit dem Ende der Eroberungen Mitte des 13. Jahrhunderts nachlässt.

Die freien Muslime mussten in der Regel im ersten Jahr nach der Eroberung aus den Stadtmauern heraus in die Vororte ziehen.[97] Inwieweit dort bereits im 12. und 13. Jahrhundert eine räumliche Segregation in sog. *mourarias* vorlag, ist insbesondere für kleinere Städte ungewiss, zumal sie von den *cortes* erst Mitte des 14. Jahrhunderts explizit eingefordert wird.[98] Die meisten Historiker setzen den generellen Bruch in der Behandlung der Muslime (sowie der Juden) übrigens um diese Zeit an. Im Staatsbildungsprozess war der rechtliche Sonderstatus der Muslime, der, so Callaghan, in einem Mittelalter mit unterschiedlich privilegierten Gruppen nicht ungewöhnlich erschien, zunehmend ein Dorn im Auge von Klerus und Bevölkerung, so dass der König unter Zugzwang geriet.[99] Die

---

[94] *Gomes*, Grupos, 331–333.

[95] *Gomes*, Grupos, 327; 331.

[96] *Boissellier*, Mudéjares, 90; *Gomes*, Grupos, 309ff. Zum Gefangenentausch, vgl. *Boissellier*, Mudéjares, 193 und *Gomes*, Grupos, 337.

[97] *Marques*, História, 127.

[98] *Boissellier*, Mudéjares, 196-197; *O'Callaghan*, Mudejars, 33.

[99] *Boissellier*, Mudéjares, 198-204; *O'Callaghan*, Mudejars, 55-56.

schärfere Haltung äußerte sich beispielsweise in der Verpflichtung
für die Muslime, sich durch das Tragen eines Burnus optisch zu
unterscheiden,[100] und gipfelte 1496 in ihrer Expulsion.[101]

Einen anderen Ausgang nahm dagegen die Geschichte der
südportugiesischen Mozaraber. Wenn sie etwa bei der Einnahme
Lissabons noch mit dem muslimischen Feind verwechselt oder einfach als Gegner betrachtet wurden,[102] deutet die Abnahme ihrer besonderen Erwähnung in den Quellen im 13. Jahrhundert auf eine
gelungene Integration hin.[103] Zwar gibt es Indizien für eine Persis-
tenz kultureller bzw. religiöser Besonderheiten,[104] aber eine rechtliche Sonderbehandlung war von Anfang an nicht gegeben.[105]

        ✴        ✴        ✴

Die Behandlung der autochthonen muslimischen Bevölkerung
im Kreuzfahrerstaat Jerusalem weist starke Parallelen mit Südportugal auf. Es liegt eine ähnliche rechtliche Segregation vor. Auf
der einen Seite dürfen die Muslime ihre alten Bräuche und Ge-
wohnheitsrechte sowie ihre Religion beibehalten: Auch hier lassen

---

[100] *Boissellier*, Mudéjares, 197.

[101] Ebda, 204.

[102] Der mozarabische Bischof wurde ermordet (*De expugnatione*, 175-176) und
der anglofranzösische Chronist scheint Mozaraber, die Maria um Gnaden an-
flehen, mit Muslimen zu verwechseln (ebda, 180-181). Bei einer militärischen
Expedition in der Nähe von Sevilla wird eine Gruppe von Mozarabern
vom portugiesischen König Afonso I. sogar versklavt (*Boissellier*, Mudéjares,
193-194 und *Mattoso*, Identificação, I, 322).

[103] *Gomes*, Grupos, 345.

[104] *Gomes*, Grupos, 345; *Mattoso*, Identificação I, 323-325. Der Kult um São
Vicente, dessen Gebeine sogar von Sagres nach Lisboa transferiert werden, er-
fasst sogar die lateinischen Christen.

[105] In Coimbra hatten die Mozaraber um Sisnando Ende des 11. Jahrhunderts sogar einen wesentlichen Anteil an der Stadtverwaltung (*Coelho*, Comunas, 83-90).

sich kaum systematische Konversionsversuche nachweisen[106] und es gibt ebenfalls Hinweise auf die Weiterexistenz von Moscheen, auch wenn wichtige Moscheen wie in Portugal zu Kirchen umfunktioniert werden.[107] Auf der anderen Seite sind sie mit einer schwereren Steuerlast, darunter ebenfalls eine Kopfsteuer,[108] und rechlichen Nachteilen wie der Abwesenheit politischer Rechte konfrontiert.[109]

Auf der juristischen Ebene fallen aber zwei Unterschiede ins Auge: Erstens gibt es im Königreich Jerusalem keine klare Evidenz für das Weiterexistieren einer eigenen muslimischen Gerichtsbarkeit;[110] zweitens sind die orientalischen Christen im Unterschied zu den Mozarabern in Südportugal nicht mit denselben Rechten ausgestattet wie die Franken, die ihrerseits als einzige ‚Vollbürger' gelten.[111] Sie unterliegen wie die Muslime ebenfalls einer schwereren Steuerpflicht.[112]

Die Massaker, die vor allem in der Anfangsphase (1096–1110) recht häufig an der Bevölkerung der eingenommen Städte verübt wurden, hat Kedar auf die Art der Übernahme (Erstürmung gegenüber Kapitulation) und auf damit zusammenhängende „prevailing customs of warfare" zurückgeführt.[113] Wenn auch nicht unplausibel, legen die Massaker nach den verhandelten Kapitulationen von

---

[106] *Kedar*, Subjected, 163; *Prawer*, Institutions, 118.

[107] *Kedar*, Subjected, 161–162.

[108] *Kedar*, Subjected, 168–170 und ausführlich *Mayer*, Latins, 177–183.

[109] *Mayer*, Latins, 175.

[110] Während Mayer eher dazu tendiert, das Schweigen der christlichen und muslimischen Quellen in diesem Punkt als *argumentum ex silentio* für ihre Nicht-Existenz anzusehen, betont Kedar stärker das Desinteresse der Chronisten als Erklärung (*Mayer*, Latins, 185 und *Kedar*, Subjected, 142-3).

[111] *Mayer*, Latins, 175-176; 185; *Kedar*, Subjected, 164–165.

[112] Wie Anm. 108.

[113] *Kedar*, Subjected, 143–147, Zitat: 146.

etwa Akkon und Tripolis[114] m.E. vielmehr nahe, dass der König seine oder alliierte Truppen nicht unter Kontrolle hat. Denn die haben – wie sich auch die Diskussion bei der Belagerung von Tyrus zeigt – kein Interesse an einer friedlichen Kapitulation.[115] Die Mißachtung des Kapitulationsvertrages bei der Einnahme Lissabons deutet in dieselbe Richtung.[116] Im Vergleich zu Südportugal gibt es zwar weniger Hinweise auf die Versklavung muslimischer Frauen und Männer, aber auch hier konnten sie ihre Freiheit theoretisch durch Konversion zum Christentum wiedergewinnen, was sicherlich nicht zu Missionierungseifer Anlass gab.[117] Ähnlich wie in Portugal wurden konvertierte Sklaven jedoch häufig nicht in Freiheit gesetzt.[118] Insoweit es eine muslimische Bevölkerung in den Städten gab,[119] wohnte sie in einem eigenen Viertel.[120] Die räumliche Segregation scheint hier also von Anfang an durchgesetzt worden zu sein.

*     *     *

---

[114] Vgl. *Kedar*, Subjected, 146; *Mayer*, Latins, 180.

[115] *Prawer*, Institutions, 86: „Conquest meant spoils for everybody; capitulation meant conservation of riches for the benefit – almost unique benefit – of the future ruler of the city"

[116] *De expugnatione*, 172-179. Dass die Massaker an der Zivilbevölkerung bei der Eroberung Südportugals an erster Stelle den teilnehmenden Kreuzfahrern zuzuschreiben sind, stellt im Übrigen geradezu ein Topos in der Historiographie dar. Vgl. etwa (manichäistisch überspitzt) *Erdmann*, Kreuzzugsgedanke, 34-37; (nuancierter) *Boissellier*, Naissance, 90.

[117] *Kedar*, Subjected, 152-154; *Benjamin Z. Kedar*, Some New Sources on Palestinian Muslims before and during the Crusades, in: Kreuzfahrerstaaten, Mayer (hrsg.), 129-140, hier: 139-140; *Prawer*, Kingdom, 60.

[118] *Kedar*, Subjected, 152-154. Für Portugal: *Gomes*, Grupos, 310; 321.

[119] In Jerusalem etwa wurde Muslimen (wie Juden) die Ansiedlung gar per Gesetz verboten (*Prawer*, Institutions, 90).

[120] *Thorau*, Kreuzzüge, 81.

Es ergibt sich also das Bild zweier Gesellschaften, die nach einer Eroberungsphase mit Massakern, Vertreibungen und Versklavungen vor allem an der Arbeitskraft der untergebenen muslimischen Bevölkerung interessiert sind, sei es als Sklaven oder als Steuerpflichtige. In dieses Bild passt auch die weitgehende Abwesenheit von massiver physischer Gewalt zwischen den Bevölkerungsgruppen: Es sind kaum Übergriffe von christlicher Seite noch Revolten von muslimischer Seite überliefert.[121]

## V. Fazit

Im Gegensatz zum neuzeitlichen war der mittelalterliche Kolonialismus „a process of replication, not differentiation",[122] so Bartlett. Auch wenn seine Charakterisierung des ‚differenzierenden' neuzeitlichen Kolonialismus stark auf der ökonomischen Komponente m.a.W. der Einbindung in das (Wallersteinsche) Weltsystem beruht und somit seine Replikationstendenzen übersieht, spricht einiges für eine solche Perspektive. Seine These der kolonialen Expansion eines Kerneuropas mithilfe von sog. Blueprints, anpassungs- und exportfähigen Grundformen, ist verlockend, weil sie die Komplexität der Kolonisierungsprozesse im hochmittelalterlichen Europa mit einem übergreifenden Erklärungsmodell reduziert, aber trotzdem geschickt Raum für Unterschiede lässt – denn die legalen und institutionellen Blueprints können im Einzelfall anders ausgefüllt werden.[123] Allerdings scheint Bartletts unilateraler Expansionsprozess auszublenden, dass nicht wenige dieser Blueprints, dieser Institutionen und Rechtsformen, wovon einige hier beleuchtet wurden, nicht im angeblichen Kerngebiet, sondern schon in der ‚koloni-

---

[121] Vgl. etwa *Mayer*, Latins, 181; 183-184 und *Boissellier*, Mudéjares, 190; 203.

[122] *Bartlett*, Europe, 307.

[123] *Bartlett*, Europe, 309-310.

alen Situation' entstehen: Von den Ritterorden über neue Gerichts-
und Verwaltungstechniken bis zu den iberischen *forais/fueros*. So ist
es sicherlich richtig, dass bestimmte *foral*-Typen sich nach Süden
hin verbreiteten, aber diese Direktionalität darf nicht darüber hin-
wegtäuschen, dass sie kein genuin nordportugiesisches Phänomen,
sondern an sich bereits ein Produkt der *(re)conquista* sind, das den
Norden im Übrigen nicht unberührt lässt, denn nach 1250 werden
die *forais* verstärkt im Norden Portugals für die Binnenkolonisation eingesetzt.[124] Mit ihnen treten auch erst die *concelhos* als administrative Größe deutlich in Erscheinung. Und die in den Kreuzfahrerstaaten entstandenen militärischen Ritterorden werden nicht
nur in andere koloniale Peripherien wie die iberische Halbinsel
oder die Ostsiedlung exportiert, sie breiten sich auch machtvoll
im Zentrum aus, so dass von einer Rückwirkung kolonialer Institutionen auf die ,kerneuropäischen' Gesellschaften ausgegangen
werden muss.

---

[124] Ein gutes Beispiel stellen die *forais* der Terra de Panóias im Norden Portugals dar (Vgl. *Reis*, Origens, 175–189).

# Die Kolonisation
# und der Zisterzienserorden

## Jan Kremer (Praha)

Der Zisterzienserorden bildete im 12. Jahrhundert im westlichen
Europa eine der stärksten Kulturkräfte und gestaltete somit eine
Zeit mit, die die Mediävistik[1] oft als eine Renaissance oder Reformation beschreibt. Die Bemühungen nach einer Reform der Kirche in ihrem Haupt wie auch Gliedern sind ungefähr seit der Mitte
des 11. Jahrhunderts zu beobachten, sie entfalteten sich dann mit
dem gregorianischen Papsttum, und setzte sich in dem Investitur-
streit fort. Sehr stark hat sich das Verlangen nach einer Erneuerung
des Kirchenlebens in der Reform der religiösen Orden artikuliert,
am deutlichsten in dem Werk der später kanonisierten Norbert
von Xanten (1080/85-1134) und Bernhard von Clairvaux (1090-
1153). Dieses Werk beeinflusste maßgebend nicht nur das Ordens-
leben selbst, sondern trug entscheidend zu einem neuen Selbstver-

---

[1] *Giles Constable*, The Reformation of the Twelfth Century, Cambridge 1996.
Der Titel seiner Abhandlung ist eine Homage auf das klassische Werk von
*Charles Homer Haskins*, The Renaissance of the Twelfth Century, Cleveland
1966.

ständnis der in der Zeit schon hoch institutionalisierten Kirchen-
organisation bei.[2]

In der gleichen Zeit setzte sich in dem westlichen und östlichen Mitteleuropa ein Prozess fort, den man in der Forschung
mit einigen Abweichungen bis heute als „Kolonisation" bezeichnet. Das Phänomen dieser Kolonisation war keineswegs einfach
und geradlinig, es enthielt wirtschaftliche, politische, religiöse, militärische wie auch allgemein kulturelle Komponenten. Vor allem
in Ostmitteleuropa hinterließ es in der Mitte des 14. Jahrhunderts
eine kulturelle Landschaft, die mit der des 11. oder auch noch
12. Jahrhunderts nicht zu vergleichen war.[3] Der Zisterzienserorden
spielte in diesem Prozess eine bemerkenswerte Rolle,[4] deren Ein-
schätzung allerdings nicht einfach ist und die in der gegenwärtigen
Forschung stark diskutiert wird.

In der Festschrift zur 900. Jahresfeier des Zisterzienserordens
aus dem Jahr 2001 charakterisiert Kaspar Elm die Geschichte der
Zisterzienserforschung wie folgt: „Man verstand die weißen Mönche
als Pioniere der Zivilisation und des Fortschritts, die längst vor Reformation und Puritanismus jene Organisationsfähigkeit und Ar-
beitsethik entwickelt sowie jenen Grad an ökonomischem Kalkül,
rationeller Planung und technischer Effizienz erreicht hatten, die

---

[2] Siehe z.B. *Peter Dinzelbacher*, Bernhard von Clairvaux. Leben und Werk des
berühmten Zisterziensers, Darmstadt 1998; *Arnold Angenendt*, Geschichte der
Religiosität im Mittelalter, Darmstadt 2000².

[3] Zur Kolonisation und zum Kolonisationsbegriff siehe grundlegend
*František Graus*, Die Problematik der deutschen Ostsiedlung aus tschechischer
Sicht, in: Die deutsche Ostsiedlung des Mittelalters als Problem der europä-
ischen Geschichte, Walter Schlesinger (hrsg.), Sigmaringen 1975, 31–78; *Josef
Žemlička*, Počátky Čech královských 1198–1253. Proměna státu a společnosti,
Praha 2002, 63–76 und 210–263; und neulich umfassend *Jan Klápště*, Proměna
českých zemí ve středověku, Praha 2005.

[4] *Robert Bartlett*, The Making of Europe, London 1994, 308, bezeichnet die
Zisterzienser als einen wichtigen Teil eines „Kolonisationskonsortiums".

nach Troeltsch und Weber für die sich im 19. Jahrhundert ausbildende Industriegesellschaft und das ihr zugrunde liegende Wirtschaftsdenken und -streben konstitutiv waren. Daran hat sich bis heute grundsätzlich nichts geändert [...] Man setzt jedoch neue Akzente und ist zu Ergebnissen gekommen, die Anlass, wenn auch nicht zur totalen Revision, dann doch zur Modifikation des neuen, vom Fortschrittsglauben des 19. Jahrhunderts geprägten säkularen ‚Mythos' geben."[5]

Dieses geradezu traditionelle Bild (auch heute kann man es in manchen wissenschaftlichen Abhandlungen finden - und zwar ohne Änderung) kam zustande nicht von ungefähr: Die ältere historische Forschung dachte territorial - sie konzentrierte sich auf die aus der damaligen nationalistisch orientierten Sicht „zentralen" Gebiete des Abendlandes (Frankreich, Belgien, Deutschland und England). Zeitlich interessierte die Historiker vornehmlich die Zeitspanne zwischen den zwanziger Jahren des 12. und der Mitte des 13. Jahrhunderts, die man als eine „goldene Zeit" betrachtet hatte - längst bevor Charles Haskins dafür den Begriff der „mittelalterlichen Renaissance" geprägt hatte. Zweitens wurde die Erzählung über das Wirken der Zisterzienser von den voneinander getrennten Disziplinen geprägt: die Theologie-, Verfassungs-, Wirtschafts-, Verwaltungs- und Regionalgeschichte erzählte jede eine eigene Geschichte aufgrund einer notwendigerweise begrenzten Quellen- und Methodenauswahl. Normative Quellengattungen wie Statuten und consuetudines überwogen, was im Endeffekt zu einer ziemlich statischen und auch idealistischen Zeichnung des Geschehens geführt hatte.

Das neu erweckte Interesse an der Geschichte des Monastizismus führte in den letzten dreißig Jahren zu Korrekturen der traditi-

---

[5] *Kaspar Elm*, Mythos oder Realität? Fragestellungen und Ergebnisse der neueren Zisterzienserforschung. in: Zisterzienser. Norm, Kultur, Reform - 900 Jahre Zisterzienser, Ulrich Knefelkamp (hrsg.), Berlin - Heidelberg 2001, 3-9, hier 4.

onellen Annahmen. Die Zisterzienser- und Prämonstratenserorden
stellten demnach gar nicht einheitliche, streng zentral verwaltete
Organisationen dar. Ihre einzelne Äste und auch einzelne Klöster –
oftmals geographisch nicht fern voneinander – unterschieden sich
manchmal sehr; das von Bernhard und Norbert (u.a.) formulierte
Ideal kollidierte oft mit realen Möglichkeiten. Einzelne Kommuni-
täten passten sich nolens volens auf konkrete lokale Bedingungen
an. In die Gestaltung des Lebens jeder neuen Gemeinschaft durften
nicht nur die Ordensoberen hineinreden sondern und vor allem
die weltlichen Stifter und Beschützer; weiter musste sich das neue
Kloster in wirtschaftliche, politische und Verwaltungsstrukturen
der konkreten Region eingliedern, den Spielraum bestimmte auch
dessen materielle Ausstattung. Wesentliche Unterschiede unter einzelnen Gründungen sind daher nicht nur in peripheren Gebieten
zu beobachten, sondern auch in den „zentralen" Regionen, im heutigen Franken und Bayern. Außerdem: die „Wüste", die die Zisterzienser kolonisieren sollten, scheint heute eher ein literarischer Topos
zu sein, bzw. ein theologisches Konzept, und nicht eine Beschreibung einer „realen" Situation und eines „realen" Geschehens.[6] Die
Klöster entstanden vorwiegend auf bereits besiedeltem Land, gar
auch in der Nähe von Burgen, Städten und Dörfern.[7]

Einerseits liegt Robert Bartlett richtig, wenn er über die peripheren Gebiete Europas, wo der Orden ein wichtiger Agens der
Kolonisation war, schreibt: „There is a recent tendency among historians to minimize the agricultural importance of the monaste-

---

[6] *Historia fundatorum* hat sehr oft einen tendenziösen Charakter - Wildheit
der Umgebung, Gefährlichkeit der Einwohner (*Constable*, The Reformation,
37.) - als ein klassisches Beispiel dafür kann *Ksigga Henrykowska* dienen (*Bartlett*, The Making, 154.); dazu auch *Hans Patze*, Klostergründung und Kloster-
chronik, in: Ders, Ausgewählte Aufsätze, Stuttgart 2002.

[7] *Winfried Schenk*, Süddeutsche Kulturlandschaften unter zisterziensischem
Einfluss: Historisch-geographische Ausprägungen und aktuelle planerische
Anforderungen, in: Zisterzienser, Knefelkamp (hrsg.), 211-238.

ries, especially the new foundations of the twelfth century, but in this case the older heroic picture seems more appropriate. New abbeys could lead to new villages."[8] Andererseits ist es zu betonen, dass auch die weit von dem eigentlichen Zentrum des Ordens gegründeten Klöster, im Gegensatz zu den Bildern, die die Ordenshagiographie kreiert hatte, fast nie in wilden, vollkommen unbesiedelten oder nur noch von Heiden bevölkerten Gebieten gegründet wurden. Die Zisterzienser brauchten wie alle Ordensgründungen eine weltlich-politische Macht[9] und ein funktionierendes Bistum. Manchmal wurden die grauen Mönche in schon bestehende Häuser von anderen Orden eingeladen, die die ursprüngliche Gemeinde (meist Kanoniker, in Böhmen und Mähren Benediktiner) verlassen musste.

Die Anzahl der fürstlichen Schenkungen wuchs mit ihrer Popularität. Jean Leclerq bemerkt daher zurecht: „Die ganze Geschichte des Ordens wird durch eine Art dialektischer Spannung zwischen den Intentionen der [Ordens-]Gründer und den unterschiedlichen Verwirklichungen, zu denen jede Generation fähig war und die oft hinter den Idealen des ursprünglichen Programms zurückblieben, bestimmt."[10] Einerseits stellten die Zisterzienser einen kontemplativen Orden dar, der die Verachtung der Welt im Programm hatte, andererseits mussten sie eine prosperierende Klosterwirtschaft zur Versorgung der stets wachsenden Gemeinden leiten. Diese bildeten bald nicht nur klostereigene Konversen, die nicht mehr zur Besorgung der großen Konvente fähig waren, sondern auch leibeigene Dörfer. Dies bedeutete auch eine Eingliederung der Klosterwirtschaft in die Marktnetze der Region. Bald

---

[8] *Bartlett*, The Making, 134.

[9] Siehe dazu *Tomáš Borovský*, Kláštery, panovník a zakladatelé na středověké Moravě, Brno 2005, 14.

[10] *Jean Leclerq*, Die Spiritualität der Zisterzienser, in: Die Zisterzienser, Kaspar Elm – Peter Joerissen – Hermann Josef Roth (hrsg.), Köln 1980, 150.

musste das zisterziensische Generalkapitel sogar die Verpachtung des Grundbesitzes erlauben (1208). Eine große Zahl der Klöster besaß ihr eigenes städtisches Haus, wo die geschäftlichen Angelegenheiten des Klosters abgewickelt wurden. Die wichtige Ordensregel der stabilitas loci wurde dementsprechend oft nicht eingehalten und auch die vorgeschriebene manuelle Arbeit der Mönche nahm so sehr ab, dass bereits der Papst Alexander III. (1159–1181) den Zisterziensern mit der Aufhebung ihrer vormaligen Privilegien drohen musste, da sie ihre Prinzipien verließen. Eine erfolg- und ertragreiche Wirtschaft wurde dann innerhalb des Ordens zunehmend positiv besetzt. Von einem wirtschaftlichen zum politischen Erfolg blieb dann nur noch ein Schritt.

Allerdings muss man heutzutage auch die Forschungsmeinungen korrigieren, die den Orden nur unter dem Blickwinkel dieses wirtschaftlichen Erfolgs beurteilt haben. Oft verwandelten die grauen Mönche im Zuge der vorgeschriebenen Demutsübungen eine landwirtschaftlich ertragreiche Landschaft in eine Einöde, was genauso oft auch kritisiert wurde.[11] Und ihr Erfolg wurde weniger durch technologische Innovationen erreicht. Er beruhte viel mehr auf einer straffen, durchdachten und langfristig aufgebauten Organisation der Wirtschaft.

Fundamentale und bisweilen auch etwas fundamentalistische Kritik an der älteren Zisterzienserforschung brachte zuletzt Constance H. Berman.[12] Sie wies zu recht darauf hin, dass nach den neuen Erkenntnissen nicht mehr ein Einverständnis darüber erreicht werden kann, wie in einzelnen Phasen des 12. Jahrhunderts die Zisterziensergemeinden zu charakterisieren seien. Allerdings ist

---

[11] *Constable*, The Reformation, 34.

[12] *Constance Hoffman Berman*, The Cistercian Evolution. The Invention of a Religious Order in Twelfth Century Europe, Philadelphia 2000. Kritisch dazu u.a. *Werner Bomm*, Rezension in Deutsches Archiv 59 (2003), 337–340; *Bruce L. Venarde*, <http://www.h-france.net/vol2reviews/venarde.html> (2.5.2008)

auch nicht klar, was man sich konkret für diese Zeit unter dem Begriff Benediktiner vorstellen soll[13] (gleichfalls sind streng genommen auch Bezeichnungen wie Mönch, Kanoniker und regulierter Kanoniker inhaltlich unsicher). Oft wurden z.B. als Zisterzienser Gemeinden benannt, die nur einige von den Anordnungen der Carta Caritatis befolgten. So ist es möglich, dass viele dieser Zisterzienser nur Mitglieder einer „textual community" waren, die nach bestimmten ausgewählten Ordensregeln lebten, allerdings ohne einer festen Organisation des religiösen Lebens - und das zumindest bis zu den sechziger Jahren des 12. Jahrhunderts. Eine Regula, nach der ein konkretes Kloster lebte, konnte auch durchaus eine Mischung aus alten (bzw. veralteten) und neuen Regeln darstellen. Demnach sind die Carta Caritatis und Exsordium parvum keine zuverlässigen Quellen für die Realität des Ordens zumindest in der ersten Hälfte des 12. Jahrhunderts. Oft wurden sie erst später abgeschrieben, um die komplizierte Gründungsgeschichte einzelner Gemeinden ex post zu legitimieren.

*        *        *

Es ist nicht zu verkennen, dass die Zisterzienserforschung gerade in den letzten dreißig Jahren dramatischen Veränderungen unterzogen wird. Zu welchem „Gesamtbild" der Geschichte des Ordens die neuen teils dekonstruktivistischen Ansätze und Fragen führen werden, ist noch nicht abzusehen. Klar ist allerdings, dass diese Änderungen einen bedeutenden Einfluss auf die Interpretation der so genannten ostmitteleuropäischen Kolonisation haben werden - die neuen Orden, Prämonstratenser und zunächst Zisterzienser (u.a.) waren ein von wichtigsten Agenten des komplexen gesell-

---

[13] In den Quellen des 12. Jahrhunderts finden wir oft die Benediktiner mit dem Wort *cluniak* charakterisiert - mit keiner Unterscheidung in welchem Verhältnis und ob überhaupt sie zu Cluny, bzw. cluniazensischer Reform, stehen.

schaftlichen Wandels, der sich seit dem Ende des 12. Jahrhunderts in böhmischen aber auch polnischen Ländern abgespielt hatte. Dabei ist nicht zu vergessen, dass auch die wichtigsten narrativen Quellen, die diese Zeit behandeln, von Angehörigen gerade dieser Orden stammen – für alle sei das historiographische Werk des böhmischen Hochmittelalter schlechthin genannt: die Königsaaler Chronik von Peter von Zittau, auch andere schriftliche Denkmäler der genannten Zeit[14] stellen den Historiker vor ein schwer lösbares Problem: aufgrund des in ihnen abgelegten, notwendig lückenhaften Zeugnisses die langwierige gesellschaftliche Wandlung in deren Komplexität zu erfassen und als eine „Geschichte" wieder zu geben. Um eine solche Aufgabe zu bewältigen, reichen uns die Begriffe der traditionellen historiographischen Disziplinen kaum – es geht nicht darum, „die politische" oder „die wirtschaftliche" oder „die kulturelle" (im Sinne Kunst und Literatur) Geschichte[15] zu

---

[14] Gerlachus, Abt der Pämonstratenser von Milevsko (Mühlhausen), ist Autor einer Chronik, in der das Ende des 12. Jahrhunderts erfaßt ist: Letopisy Vincencia, kanovníka kostela pražského, a Jarlocha, opata kláštera milevského, Josef Emler (hrsg.), Fontes Rerum Bohemicarum II, Josef Emler (hrsg.), Praha 1875, 461–516. Der Mönch Heinrich der Schnitzer von Žďár (Saar) hat dann Chronicon Domus Sarensis geschrieben: Cronica Domus Sarensis, Jaroslav Ludvíkovský (hrsg.), Brno 1964.

[15] Die „Kulturgeschichte" war in der traditionellen Historiographie ein Ergänzungsgebiet für die „große" politische Geschichte. In diesem Rahmen entstanden klassische Werke des Faches – Die Kultur der Renaissance in Italien von *Jacob Burckhardt* (1860) und Herfsttijd der Middeleeuwen von *Johann Huizinga* (1919). Beide Autoren bauten auf der Idee eines Zeitgeistes – Kultur einer bestimmten Epoche betrachteten sie als ein homogenes Ganzes, definiert durch „klassische Werke" der Literatur, Philosophie, Kunst und Wissenschaft. Diese Werke wurden aufgrund von ästhetischen Kriterien ausgewählt, die dem eigenen Zeitalter der beiden Autoren eigen waren. Diese Kulturdefinition nennt *Tomáš Rataj*, Mezi Zíbrtem a Geertzem, Kuděj 1–2, 2005, 146 „segmentär". Sie entsprach sehr gut dem Zeitgeist – den kulturellen und politischen Ansichten der gesellschaftlichen Eliten in den kolonialistischen europäischen Großmächten.

schreiben. Es geht darum, Geschichte der gesellschaftlichen Wand-
lung, einer kulturellen Transformation zu schreiben, und das im
Sinne eines in der gegenwärtigen Sozialwissenschaften und auch
Mediävistik vieldiskutierten[16] Kulturbegriffs.

Festzuhalten ist, dass eine Definition der Kultur wie auch
eine Konzeption der Kulturgeschichte zwangsläufig in Verbindung
mit der Entwicklung eines konkreten („nationalen") geisteswissen-
schaftlichen Diskurses steht. Wie Tomáš Rataj unlängst bemerkte,
sollte die Definition der Kultur von den anthropologischen theoretischen Ansätzen Clifford Geertzs ausgehen.[17] Kultur ist ein dyna-
misches System der Bedeutungen (Werte, Zeichen), durch welches
die einzelnen Menschen, Sozialgruppen und Gesellschaften ihre
Realität „mit Sinn versehen" - d.h. Bedeutungen und Regeln ihrer Verwendung generieren, die zu konkreten Gewohnheiten, Gesten, Sachen usw. zugeordnet werden. Einzelne Komponente der
Realität erhalten ihre Bedeutungen erst im Zusammenhang mit

---

[16] Auf die komplizierte Geschichte dieser enorm wichtigen Diskussion ver-
zichte ich in diesem Aufsatz. Hinzuweisen sei nur auf die wichtigsten Refle-
xionen des Problems, siehe dazu Beyond the Cultural Turn: New Directions
in the Study of Society and Culture, Lynn Hunt - Victoria E. Bonnel (hrsg.),
Los Angeles 1999; *Peter Burke*, Varieties of Cultural History, New York 1997;
*Ders.*, What is Cultural History?, Cambridge 2004; Siehe auch The Invention
of Tradition, Eric Hobsbawm - Terence Ranger (hrsg.), Cambridge 1983.

[17] *Rataj*, Mezi Zíbrtem a Geertzem, 152. Geertz formuliert das semiotische
Verständnis der Kultur: „The concept of culture I espouse, [...] is essentially a
semiotic one. Believing, with Max Weber, that man is an animal suspended
in webs of significance he himself spun, I take culture to be those webs, and
the analysis of it to be therefore not an experimental science in search of law
but an interpretive one in search of meaning. It is explication I am after, con-
struing social expression on their surface enigmatical." (*Clifford Geertz*, The
Interpretation of Cultures, New York 1973, 5) „Culture is [...] an historically
transmitted pattern of meanings embodied in symbols, a system of inherited
conceptions expressed in symbolic form by means of which men communi-
cate, perpetuate, and develop their knowledge about and attitudes towards
life." (Ebda, 89)

anderen Komponenten – die Bedeutungen ändern sich auf diese
Art und Weise und erst miteinander verbunden werden sie nicht
nur in räumlicher sonder auch in zeitlicher Hinsicht beständiger.
Dieses System der Bedeutungszuweisung wird von sozialen, ökonomischen, politischen und anderen (umweltbetreffenden) Aspekten
der Realität stets mitgestaltet. Kultur ist somit von ihrer sozialen,
zeitlichen und örtlichen Dimension nicht zu trennen.

Für die Arbeit eines Historikers bedeutet dies folgendes: alle
Quellen sollen als kodierte Texte, d.h. zunächst als „etwas Frem-
des" betrachtet werden. Das Dechiffrieren dieser Codes, mit anderen Worten eine Dekonstruktion sozialer Imaginationen, erlaubt
dem Historiker allerdings nur eine Annäherung an die Bedeutungs-
realität; die bleibt an sich unerreichbar. Und das aus mehreren
Gründen: Erstens ist, wie gesagt, „das Bild" der Realität in den
Quellen lückenhaft. Zweitens beinhalten Quellen auch „das Uner-
klärbare" und „das Unbegreifliche".

Im Allgemeinen kann man eine solche Annäherung nicht
eine „Kulturgeschichte" nennen, viel mehr geht es um eine Geschichtsschreibung im „cultural mode"[18]. Politische, Wirtschafts-
, Verwaltungs-, Rechtsgeschichte (usw.) verlieren somit nicht ihre
Relevanz, sondern werden durch eine neue Dimension erweitert

---

[18] Für Historiker, die im "cultural mode" denken, gilt wohl folgende Charak-
teristik von *Laurie Nussdorfer*, (Rez. auf New Cultural History, Lynn Hunt
(hrsg.), Berkeley 1989.), History and Theory 32/1, 1993, 74–83, hier 82: „They
like to demonstrate complex patterns of communication, to avoid interpreta-
tions that depend on fixed meanings, and to illuminate processes. They tend
not to be too interested in either establishing causes or „reading" meaning,
and they are not averse to the task of tracing change over time. They say lit-
tle about culture per se; as a category it has slipped out of use, along with
a number of others on which historians were once very dependent: society,
politics, economy. They look for styles of interaction (appropriation, negotia-
tion) or terms of difference (gender, class) across phenomena that once were
carved up into the discrete domains of the social, political or economic."

und ihre Befunde miteinander in Zusammenhang gebracht. Die Geschichte der Kolonisation in den böhmischen Ländern, bzw. die Rolle des Zisterzienserordens darin warten auf eine so definierte Analyse immer noch.[19]

*       *       *

Die gegenwärtige tschechische Historiographie sucht neue Zugänge in der Erforschung der Kolonisation. Sehr wichtig dabei ist die Frage nach der Geschichte des Begriffs und nach den theoretisch-methodologischen Grundlagen der bisherigen Forschung. Ohne Zweifel konzentriert sich die „klassische" Betrachtung der Kolonisation auf die Zeit des 13. Jahrhunderts.[20] Bereits im 19. Jahrhundert erkannten die Vertreter der nationalistischen Historiographien Böhmens das Potential, das die Erzählung über die letzten přemyslidischen Könige in sich trägt. Die Konflikte der mittelalterlichen „Tschechen" und „Deutschen", das eigentliche Thema der nationalisitschen Historiographien, wurden für die Zeit bis zum Jahr 1200 unter dem Blickwinkel der Beziehungen der böhmsichen Fürsten mit den Reichskönigen und Kaisern betrachtet. Im 13. Jahrhundert wurden dagegen die Wurzeln des Konfliktes der modernen Nationen der Deutschen und der Tschechen innerhalb der habsburgischen Monarchie des 19. Jahrhunderts gesucht.[21]

Der Begründer der tschechischen Historiographie František Palacký baute auf der Idee eines ständigen „aufeinander treffens und miteinander ringens" die Geschichtsphilosophe der jungen tschechischen Nation. Da die Qualität und Quantität der Quellen

---

[19] Nach der Bahn brechenden Studie von *Klápště*, Proměna hoffentlich nicht mehr lange.

[20] Die Kolonisation wird in der „klassischen" Auffassung als ein Prozeß betrachtet, der sich von dem Ende des 12. Jahrhunderts bis zu der Mitte des 14. Jahrhunderts erstreckt.

[21] *Klápště*, Proměna, 7.

für das 13. Jahrhundert unvergleichbar mit der früheren Zeitperiode ist, schien die Bedeutung des 13. Jahrhunderts in der Historiographie auch dadurch vorprogrammiert. Im 13. Jahrhundert hat auch die Dynastie der Přemysliden, die als „eigene tschechische" betrachtet wurde, den Königstitel erreicht und ist allmählich, auch dank der reichen Silberminen, zu einem bedeutenden Spieler der abendländischen Politik aufgestiegen. Die Erzählung über den Aufstieg und Fall des „eisernen und goldenen" Königs Přemysl Ottokar II. und seines Sohnes Wenzel II. fand ihren drammatischen Schluß in der Ermordung des jungen Königs Wenzel III. in Olmütz im Jahr 1306. Die Geschichte der darauffolgenden Jahre schien diese Erzählung nur zu bestätigen: Sie beinhaltete lange Unruhen und Unsicherheit und schliesslich eine „fremde" Dynastie auf dem böhmischen Thron, die Luxemburger.

Unter dem nationalistischen Blickwinkel wurde auch die Quellenüberlieferung selektiv bearbeitet - eine große Bedeutung wurde der alttschechischen Verschronik des sog. Dalimil zugemessen. Ihre stark anti-deutsche Rethorik schien das Modell von Palacký zu bestätigen, in dem die Ankunft von dominanten Germanen eine große Rolle spielte und das die politischen Anforderungen der modernen tschechischen Nation an den „deutschen" habsburgischen Staat legitimierte. Zugespitzte Argumentationen formulierten auch Vertreter der national deutschen Geschichtsschreibung und das vor allem in der zweiten Hälfte des 19. Jahrhunderts, als sie in den böhmischen Ländern mehr und mehr in politische Defensive gerieten.[22]

Die Auffassung der nationalistischen Historiographie beeinflußt die tschechische Historiographie bis heute - vor allem aufgrund der immer noch intakten Meistererzählung über den Auf-

---

[22] Pars pro toto: *Adolf Bachmann*, Geschichte Böhmens I. Bis 1400, Gotha 1899.

stieg und Fall der Přemysliden. Diese Meistererzählung sichert dem 13. Jahrhundert einen festen Platz in der tschechischen historiographischen Produktion[23] wie auch im historischen Bewußtsein.[24]

Am Anfang des 20. Jahrhunderts korrigierte die neue Generation der tschechischen Historiker mithilfe der positivistischen Quellenkritik die nationalistisch-erweckerische Auffassung der mittelalterlichen Geschichte Böhmens. Václav Novotný hat vorgeschlagen, die Erforschung der Kolonisation in zwei Problembereiche zu teilen: in eine „deutsche Kolonisation", im Sinne einer Einladung der „fremden" Siedler in die Städte und auf das Land, und in eine „innere" Kolonisation, im Sinne einer slawischen „eigenen" Besiedlung eines unbesiedelten Landes. Die „innere" Kolonisation sollte seit dem Frühmittelalter bis zum 13. Jahrhundert verlaufen.[25] Novotný analysierte dabei in seinen Darstellungen nicht nur die relevanten Quellen, sondern verwertete darin auch seine ei-

---

[23] Nur die wichtigsten Werke aus der letzten Zeit: *Jiří Kuthan*, Přemysl Otakar II. Král železný a zlatý, král zakladatel a mecenáš, Vimperk 1993; *Josef Žemlička*, Století posledních Přemyslovců, Praha 1998²; *Ders.*, Přemysl Otakar I. Panovník, stát a česká společnost na prahu vrcholného feudalismu, Praha 1990; *Ders.*, Počátky Čech královských, Praha 2002; *Libor Jan*, Václav II. a struktury panovnické moci, Brno 2006; *Martin Wihoda*, Vladislav Jindřich, Brno 2007; *Karel Maráz*, Václav III. (1289–1306) Poslední Přemyslovec na českém trůně, České Budějovice 2007.

[24] Siehe dazu zuletzt *Martin Wihoda*, Zlatá bula sicilská. Podivuhodný příběh ve vrstvách paměti, Praha 2005; Rez. *Jan Kremer*, Dějiny-teorie-kritika, 1-2006, 117-124; *Karel Hruza*, Die drei „Sizilischen Goldenen Bullen" Friedrichs II. von 1212 für die Přemysliden. Zu einem neuen Buch, diplomatischen Fragen und einer „Historikerdebatte" in der tschechischen Forschung, Archiv für Diplomatik 53, 2007, 213-250.

[25] *Václav Novotný*, České dějiny I.4, Praha 1937, 462 und 474; seine Darstellung beruht auf einer Arbeit von *Josef Dobiáš*, Dějiny královského města Pelhřimova a jeho okolí I, Pelhřimov 1927; das Thema der Kolonisation erörterte in der Zwischenkriegszeit *Josef Vítězslav Šimák*, České dějiny I.5, Praha 1938.

genen Lebenserfahrungen in einer Gesellschaft zweier Nationen.[26] Josef Šusta betrachtete die Kolonisation des 13. Jahrhunderts als Teil eines langfristigen Prozesses, in dem die böhmischen Länder verschiedene westeuropäische Einflüsse verarbeiten mussten. Er akzentuierte dabei die zweite Hälfte des 13. Jahrhunderts, als viele westeuropäische Unternehmer und Lokatoren nach Böhmen gelangten, angezogen vom neu aufgefundenen Silbervorkommen.[27]

Die marxistische Historiographie, die nach 1948 das Monopol auf die Auslegung der nationalen und Landesgeschichte usurpiert hatte, legte dagegen den Nachdruck auf die Geschichte der hussitischen Revolution, die als Gipfel und notwendiges Ergebnis der früheren „Entwicklung" gesehen wurde.[28] Soziale Geschichte mutierte in eine „Geschichte der internationalen Arbeiterbewegung", deren Wurzeln kompliziert auch in der frühen mittelalterlichen Geschichte gesucht wurden. Die internationale Perspektive wurde um eine nationale ergänzt, indem die alten Meistererzählungen des 19. Jahrhunderts neu belebt und in den aktuellen Kontext gesetzt wurden.[29]

Eine mythische Historisierung der aktuellen ideologischen Konzepte besorgte allen Disziplinen voran gerade die Mediävistik. Josef Macek und František Graus schrieben nicht nur die wichtigsten Abhandlungen sondern auch einleitende Artikel zu den einzelnen Nummern der Tschechischen historischen Zeitschrift, die die eigentliche politische Richtlinie darstellten.[30] Die Zielscheibe der

---

[26] Vgl. z.B. *Václav Novotný*, České dějiny I.3, 212.

[27] *Josef Šusta*, Dvě knihy českých dějin I, Praha 1917, 1-103.

[28] *Zdeněk Nejedlý*, Komunisté, dědici velkých tradic českého národa, Praha 1946. Vgl. *Josef Macek*, Husitské revoluční hnutí, Praha 1952.

[29] *Maciej Górny*, Między Marksem a Palackým: Historiografia v komunistycznej Czechosłowacji, Warszawa 2001, 187.

[30] *Karel Hrubý*, První desetiletí Československého časopisu historického (1953-1962), Český časopis historický 97/4, 1999, 780-802, hier 786.

Angriffe war dabei vor allem die Bundesrepublik Deutschland, deren Historikern „revanchistische" Absichten unterstellt wurden: je mehr, desto mehr Arbeiten der sudetendeutschen Historiker über die mittelalterliche Geschichte Böhmens erschienen sind. Bisweilen wurde sogar eine direkte Parallele zwischen einer „revanchistischen" Historiographie und einer „faschistischen Expansion" geführt.[31] Auf dem III. Historikertag der tschechoslovakischen Historiker im Jahr 1959 sprach man von einer mittelalterlichen Kolonisation, die ein Ziel des Ansturms der revanchistischen westdeutschen Historiographie sei.[32]

František Graus definierte dabei die Kolonisation als „jede Urbarmachung wie auch Besiedlung vom verödeten Land oder auch Urbanisierung der Landschaft."[33] Das emphyteutische Recht wurde in einem selbständigen Kapitel behandelt: die Anfänge der Kolonisation, Monetarisierung und Verrechtlichung der Gesellschaft sollten aus „natürlichen, einheimischen" Wurzeln wachsen.[34] Sogar die Städte fand Graus schon in einer „frühen feudalen" Zeit; ihr Aufschwung rechnete er der Entwicklung einer gesellschaftlichen Arbeitsteilung zu, die im Land ein Marktnetz geschaffen haben sollte.

---

[31] Československý časopis historický 3/1, 3, 1955.

[32] Das Referat hielt František Graus und seine Befürchtungen teilte auch Dušan Třeštík, ähnlich äusserte sich zum Thema „das Verhältnis von Böhmen zum mittelalterlichen Reiche" auch Zdeněk Fiala. In der Schlussresolution wurde folgend geäussert, dass die tschechischen Historiker die tendenziöse Darlegung der Kolonisation der deutschen imperialistischen Historiographie widerlegen sollen und dass die Historiker des Feudalismus das nationale Bewusstsein des Volkes durch die Belichtung der finsteren Seiten der Vergangenheit bestärken sollen (Československý časopis historický 8/1, 1960, 56 u. 74-75).

[33] *František Graus*, Dějiny venkovského lidu v Čechách v době předhusitské II. Dějiny venkovského lidu od poloviny 13. stol. do roku 1419, Praha 1957, 79.

[34] Ebda, 101.

Derselbe Prozess verlief nach ihm während des 13. Jahrhunderts in böhmischen wie auch in deutschen Ländern.[35]

Graus lehnte die Auffassung der Kolonisation als einer „deutschen Agression" ab, er fand nur zwei ähnlichen Feudalstaaten, die gleichen Gesetzen der „geschichtlichen Entwicklung" unterlagen. Seine Aufmerksamkeit galt vor allem den „ausgebeuteten" Bauern und den städtischen Armen, in denen er die dynamische Kraft der hussitischen Revolution vorfand. Die Kolonisten wurden ähnlich in zwei antagonistischen Gruppen geteilt: in die ausbeutende Klasse der reichen Patrizier und in die ausgebeutete Klasse der Landwirte.[36]

Der marxistische Dogmatismus hat sich seit dem Anfang der sechziger Jahre allmählich erschöpft.[37] Neue Möglichkeiten in dem Bereich der internationalen Zusammenarbeit halfen der tschechoslovakischen Historiographie mehr oder weniger ihren eigenen Schatten zu überspringen. Vor allem die Geschichte des 14. Jahrhunderts - die europäische Dynastie der Luxemburger, die Gründung der ersten mitteleuropäischen Universität und die Position der böhmischen Könige als Reichskönige und Kaiser - das waren Themen, denen volle Aufmerksamkeit geschenkt wurde.[38] Die ältere Geschichte fand für eine lange Zeit ihre Gestalt in der Monographie von Zdeněk Fiala aus dem Jahr 1965.[39]

Zugespitzte nationalistische Formulierungen finden wir hier nicht mehr. Eine explizit marxistische Ausrichtung fehlt auch. Fia-

---

[35] Ebda, 103.

[36] Ebda, 100.

[37] *Martin Nodl*, Polský pohled na vytváření národního mýtu v české marxistické historiografii, Soudobé dějiny IX, 2002, 109-112.

[38] Im Jahr 1960 wurde das Institut für die Geschichte der Universität gegründet, unter der Leitung von František Kavka, das aber gleich zu Anfang der sog. Normalisation, nämlich im Jahre 1970, aufgelöst wurde.

[39] *Zdeněk Fiala*, Přemyslovské Čechy. Český stát a společnost v letech 995-1310, Praha 1965.

la stützte sich vor allem auf die akribischen Arbeiten der positivistischen Schule der 20er und 30er Jahre des 20. Jahrhunderts, vor allem auf das Werk von Josef Šusta. Seine Erzählung, konzipiert aufgrund der politischen Geschichte vom 10. bis zum 13. Jahrhundert, stellt eine geschickte, harmonisierende Mischung älterer Meistererzählung mit den Erkenntnissen der positivistischen Historiographie und einem Hauch marxistischer Weltanschauung. Das Konzept der Nation als einer dynamischen Kraft der Geschichte wurde hier mit einer abstrakten und daher statischen Idee der böhmisch-tschechischen Staatlichkeit teilweise ersetzt, die identisch mit dem Herrscher und der „einheimischen" Dynastie sei.[40] Kosmopolitische Ausrichtung der Vorkriegshistoriographie hat Fiala verlassen.[41] Das Thema der Kolonisation wird dabei in seiner Arbeit nur im Hintergrund behandelt.[42] Im Jahr 1975 folgte die zweite Auflage

---

[40] Die Tatsache, dass die böhmischen Herrscher zu Helden werden, bestärken Formulierungen wie „Katastrophe auf dem Marchfeld" (*Fiala*, Přemyslovské, 173), extensive Zitierung der Königssaaler Chronik, die „am besten, frisch und plastisch" die Krönung von Wenzel II. schildert (*Fiala*, Přemyslovské, 184-186) etc.

[41] Es ist sehr interessant, das Vokabular der Monographie in diesem Kapitel mit dem Vokabular und den theoretischen Ausgangspunkten zu vergleichen, die Fiala 1960 in der Rezension des Buches von Wilhelm Wegener verwendete - faktische Streitpunkte wollen wir hier nicht beurteilen - siehe *Zdeněk Fiala*, Revanšistická kniha o poměru českého státu ke středověké říši, Československý časopis historický 8, 1960, 176-185. Auch hier bewertet Fiala die Stellungnahme von Václav Novotný zum Problem des Verhältnisses von Böhmen zum Reiche negativ und betont seine Botmäßigkeit der deutschen Historiographie (*Fiala*, Revanšistická, 182).

[42] Ein größerer Raum wird nur den Städten vorbehalten. Die Dorfkolonisation ist auf das bloße emfyteutische Recht reduziert, das hier auch als eine Neuigkeit hervortritt. Ähnlich wie Graus unterscheidet auch Fiala zwischen den Kolonisten - auf der einen Seite gemeine Handwerkern und Bauern, andererseits die Lokatoren, Schulzen und Finanzier. Von der Gruppe der Unternehmer schreibt er, dass ihre Absichten „weit entfernt von Unschuldigkeit waren", weil sie das Land wirtschaftlich beherrschen wollten (*Fiala*, Přemyslovské, 161).

von Fialas Buch:[43] als eine der wichtigsten Hochschullehrbüchern formte sie die Ansichten mehrerer Generationen von den Geschichtsstudenten in der Tschechoslowakei der siebziger und achtziger Jahre.

*       *       *

Nach dem Einmarsch der sowjetischen Truppen im Jahr 1968 wurden zwar Versuche unternommen, die Geschichtsauslegung in die Zeit der fünziger Jahre zurückzuwerfen, die aber insgesamt scheiterten: eine harte Ideologisierung ersetzte eine gemächliche Erzählung, die in der Einleitung einige Zitate aus marxistischen Handbüchern trug.

Eine neue Erforschung der mittelalterlichen Kolonisation setzte dann eine neue Generation der Forscher durch,[44] deren Bemühungen mit den neuen methodischen Ansätzen in der tschechoslovakischen Mediävistik einher gingen: Dabei haben sich starke neue Disziplinen profiliert wie die mittelalterliche Archäolo-

---

[43] An dieser Stelle ist es wieder vom Nutzen die Sprache der theoretischen Argumentation eines weiteren Artikels zu vergleichen, bereits aus der Zeit nach 1968, mit der Reedition seines Buches (*Zdeněk Fiala*, O vyjasnění pojmů v marxistickém výkladu starších českých dějin, Československý časopis historický 20, 1972, 234-244.)

[44] *Josef Žemlička*, K charakteristice středověké kolonizace v Čechách, Československý časopis historický 26, 1978, 58-81, siehe auch die Anmerkung 24; *Josef Žemlička - Jan Klápště*, Studium dějin osídlení a jeho další perspektivy, Československý časopis historický 27, 1979, 884-906; *Jan Klápště*, K některým problémům středověké kolonizace, Studia Mediaevalia Pragensia 1, 1988, 93-111; *Ders.*, Česká archeologie a studium problematiky 13. století, Archaeologia Historica 14, 1989, 9-17; zum Ende der 70. Jahre wurden zwei wichtige Sammelbände herausgegeben - die Referate und Diskussionsbeiträge vom Symposium „Das dreizehnte Jahrhundert in der böhmischen Geschichte" (Folia Historica Bohemica 1, Praha 1979) und die Beiträge zur Geschichte der Besiedlung von Böhmen im vorhussitischen Zeitalter (Historická Geografie 17, Praha 1978).

gie,[45] historische Rechtswissenschaft und Geschichte der Urbanisierung[46] und des Berg- und Münzwesens.[47]

In vieler Hinsicht blieb allerdings die Erzählung über politische Geschichte Böhmens unangefochten. Sie wurde auch später, nach dem Jahr 1989, weitergeführt. Neben der rein politischen Geschichte konzentrierten sich viele Historiker auf die Erforschung der Kolonisation und ihres Hintergrundes. Die Kolonisation wurde mehr oder weniger als Verdichtung, Verbreitung und Organisation der Siedlungs-Oikumena verstanden; es wurden unter anderem Strukturen des Grundbesitzes, Umwandlung der Landschaft und Urbanisierung bestimmter Gebiete befragt.

Obwohl die Erforschung der Kolonisation rezent eine thematische und zeitliche Erweiterung durchläuft und das 13. Jahrhundert in den letzten Jahren neue Diskussionen erweckte, wird sie immer als ein von anderen gestalterischen gesellschaftlichen Pro-

---

[45] Vgl. z. B. *Miroslav Richter*, České středověké město ve světle archeologických výzkumů, Archeologické rozhledy 27, 1975, 245–258; *Zdeněk Smetánka*, Archeologické výzkumy zaniklých středověkých osad v Čechách v letech 1965–1971, Archeologické rozhledy 24, 1972, 417–427; *Jan Klápště - Antonín Slavíček - Tomáš Velímský*, Archeologický výzkum města Mostu 1970/1975, Most 1976; *Jan Klápště - Zdeněk Smetánka*, Archeologický výzkum české středověké vesnice v letech 1971–1981, Archaeologia Historica 7, 1982, 11–31.

[46] Vgl. z.B. *Jiří Kejř*, Zwei Studien über die Anfänge der Städteverfassung in den böhmischen Ländern, Historica 16, 1969, 81–142; *Ders.*, Nad počátky našich měst, Československý časopis historický 24, 1976, 377–401; *Ders.*, Vznik městského zřízení v českých zemích, Praha 1998; *Jaroslav Bakala*, Zrod městského zřízení na středověkém Opavsku, Časopis Slezského muzea B, 26, 1977, 97–122; *František Hoffmann*, České město ve středověku, Praha 1992.

[47] *Jaroslav Bílek*, K předmětu, metodě a koncepci dějin horního práva, Studie z dějin hornictví 9, 1978, 7–14; *Ders.*, Horní právo a počátky ražby grošů v Kutné Hoře a Kremnici, Numismatický sborník 5, 1978, 107–124; *Jaroslav Pošvár*, K počátkům jihlavského hornictví a horního práva, Vlastivědný sborník Vysočiny 1, 1986, 27–54; *Emanuela Nohejlová-Prátová*, Grossi Pragenses, Numismatický sborník 12, 1971, 91–115.

zessen getrenntes Phänomen betrachtet. Die tschechische Fachliteratur teilt nämlich einzelne historische Phänomene in „einheimische", besser gesagt autochthone und die, „von außen" verursachten auf. Unter die ersten gehört z.b. eine sog. „slawische" Kolonisation, die vor und auch binnen der „deutschen" Kolonisation stattgefunden haben soll oder eine Entstehung der sog. fürstlichen „Burg-Organisation", die während des 11. Jahrhunderts ihren Höhepunkt erreichen sollte. Stellvertretend für die „fremden Einflüsse" sei hier eine vorausgesetzte „Übernahme" der karolingischen Verwaltung in Großmähren,[48] die Christianisierung Böhmens im 10. Jahrhundert, die Annahme der „ritterlichen Kultur" zu Ende des 13. Jahrhunderts sowohl durch den Herrscher als auch durch den Adel und die „deutsche" Kolonisation verbunden mit Urbanisierung, Bergbau und Münzwesen genannt. In einzelnen Materialstudien werden schon konkrete faktische Zusammenhänge zwischen solchen nebeneinander stehenden Phänomenen behandelt, es fehlt aber beispielsweise immer noch an einer konzeptionellen Facharbeit über die zweite Hälfte des dreizehnten Jahrhunderts.[49] Es ist zu bedauern, denn gerade in dieser Zeit erreicht ihren Höhenpunkt die Kommunikation zwischen den Böhmen, Mähren und ihren Nachbarländern und es kommt zu komplizierten kulturellen Interaktionen.[50] Das Denken in den Dichotomien „hei-

---

[48] *Dušan Třeštík - Josef Žemlička*, O modelech vývoje přemyslovského státu, Český časopis historický 105, 2007, 122-163, hier 122.

[49] Um die Synthese dieser Epoche war in letzter Zeit Vratislav Vaníček bemüht, er wurde aber seinem Vorsatz, einen neuen Interpretationsansatz zu bringen, nicht gerecht und verwirklichte auch nicht das festgelegte Ziel "weder die abgeleiterten schematischen Stereotype zu beleben noch die Darlegung auf populäre Geschichtenerzählung von den Herrschern zu verengen" (*Vratislav Vaníček*, Velké dějiny zemí koruny české III. 1250-1310, Praha - Litomyšl 2002, 575). Sein Buch ist weiterhin vor allem vom Werke von Šusta abhängig.

[50] Der Münzmeister und Unternehmer Eberhard, der zweifellos nach Böhmen aus dem Reich kam und deutsch sprach, gab seinen Söhnen tschechi-

misch" und „fremd" setzt sich implizit immer noch zu oft durch. Dabei sieht die historiographische Gemeinde sehr wohl ein, dass sich Europa und die böhmischen Länder schon seit dem frühen Mittelalter in einem Prozess der kontinuierlichen Transformation befanden,[51] den man als einen Teil der „Transformation der römischen Welt" bezeichnen könnte – sehr oft werden aber aus dieser Erkenntnis keine methodischen Konsequenzen gezogen. Oft machen die historiographischen Erzählungen des böhmischen Mittelalters den Eindruck, als ob sich Ost-Mitteleuropa so zu sagen „von selbst entwickeln" würde. Die „Deutsche Ostsiedlung" und ihr Mythos werfen wohl auf die tschechische Historiographie immer noch ihren langen Schatten.[52]

Betrachtet man die parallelen mittelalterlichen „Kolonisationen" von Irland bis Palästina und vom Baltikum bis Portugal, wird einem bald klar, dass die „Kolonisation" in Böhmen ein Teil eines umfangreicheren, kontinuierlichen, seine Intensität ändernden und im 13. und 14. Jahrhundert gipfelnden gewaltigen gesamteuropäischen Kulturtransfers war. Dieser verlief offensichtlich gesteuert wie auch für die Zeitgenossen unsichtbar und beteiligte sich maßgebend an der Gestaltung der Gesellschaft und (Kultur-)Landschaft in Böhmen und Mähren seit den ersten Anläufen der Christianisie-

---

sche Namen (*František Hoffmann*, Mincmistři Otakara II., Folia Historica Bohemica 1, Praha 1979, 253-261, hier 259). Dagegen beginnt der böhmische Adel seine Sitze unter dem Einfluss der modischen ritterlich-höfischen Kultur vom Westen mit deutschen Namen zu benennen (*Pavel Soukup*, Rytířská kultura ve 13. století, in: Přemyslovci, Petr Sommer – Dušan Třeštík – Josef Žemlička (hrsg.), Praha 2009, 460-462, hier 462.). Siehe auch den Aufsatz von *Václav Žůrek* in diesem Band, 167-194.

[51] Als Pilotarbeit ist folgender Sammelband zu werten: Europas Mitte um Jahr 1000 – Střed Evropy okolo roku 1000, Alfried Wieczorek – Hans-Martin Hinz (hrsg.), Praha 2002, der als Begleitband zu der gleichnamigen Ausstellung entstanden ist und in mehreren Sprachen herausgegeben wurde.

[52] Vgl. *Graus*, Die Problematik der deutschen Ostsiedlung, passim.

rung. Mit der Anwendung neuerer Ansätze der internationalen Forschung an die herkömmlichen und oben kurz skizzierten Probleme
lassen sich m. E. neue Perspektiven gewinnen, die zum besseren
Verständnis der Geschichte führen können. Ein unbefangener Umgang mit den etablierten Deutungsmustern würde dabei nur einen
Gewinn unter vielen bedeuten.

*          *          *

Befragt und untersucht sollte meines Erachtens vor allem der Charakter und die Intensität des Kulturtransfers in der gegebenen Epoche, und zwar als ein gesamteuropäisches Phänomen.[53] Unter dem
Transfer der kulturellen Muster sollen nicht Implantationen von
fremden Formen und Inhalte in neue Umwelt verstanden werden.
Vielmehr ging es um eine produktive Appropriation, die als Teil einer anthropologischen Akkulturation zu betrachten ist,[54] d.h. eine
Adoption, Adaptation des „Neuen" bis hin zur dessen Ablehnung.
Im Zentrum der Aufmerksamkeit sollen dabei die Modi der Über-
tragung, die Kommunikation, stehen. Falls wir die Kolonisation im
Sinne Landesausbau auf diese Weise auffassen, wird klar, dass sie
nur einen Teil der Prozesse darstellte, die in den böhmischen Ländern wie auch in dem ganzen Ost-Mitteleuropa eine grundlegende
gesellschaftliche Wandlung herbeisteuern. Diese Wandlung führt
zu einer mehr oder weniger erfolgten Angleichung des institutionellen Ausbaus wie auch zu einer starken Vernetzung und Angleichung von sozialen Eliten. Man kann und man will natürlich sol-

---

[53] Unter dem Begriff „Kulturtransfer" verstehe ich dabei eine „transmission
of ideas, goods, people, and institutions from one specific system of social
patterns of behaviour or interpretation to another" (*Johannes Paulmann*, Internationaler Vergleich und interkultureller Transfer, Historische Zeitschrift
267, 1998, 649–685, hier 680).

[54] *Martin Dinges*, Neue Kulturgeschichte, in: Kompass der Geschichtswissenschaft, Joachim Eibach – Günther Lottes (hrsg.), Göttingen 2002, 185–188.

che komplexe Prozesse nicht auf ein Jahrhundert, sei es auch das 13. Jh., beschränken. Sie verlaufen in allen Gesellschaften in allen geschichtlichen Epochen.[55]

Die Betonung des komplexen Charakters eines so verstandenen Kulturtransfers, wie auch eine mediävistische Forschung im „cultural mode" sollen nicht die bestehenden Disziplinen und Fachrichtungen ersetzen, sondern ihre Aufmerksamkeit auf die gesamteuropäische Perspektive lenken, bzw. ihnen die Vorteile einer behutsam betriebenen vergleichenden Historiographie vor die Augen führen. Eine vergleichende Perspektive bringt eine Vielfalt am Quellenmaterial und Untersuchungsmethoden mit sich. Besonders empfiehlt sich eine feinsinnige Lektüre einzelner Quellen im Zusammenhang mit verwandtem Material, das in dem gleichen Raum und Zeit entstanden ist und das Erfahrungs- und Bildungshorizont einer bestimmten sozialen Gruppe spiegelt. Erst dann sollte man einen breiter angelegten Vergleich wagen.

R. W. Southern, auch wenn ihm die mannigfaltigen Spezifika der einzelen Gründungen bekannt waren, bezeichnete den Zisterzienserorden als eine erste effektive internationale leistungsorientierte Organisation in Europa.[56] Falls wir den Orden als ein Teil des in böhmischen Ländern sich abspielenden Kulturtransfers, genannt Kolonisation, verstehen, können wir die Erkenntnisse über die Kontradiktionen und Varianten des Ordenslebens und -organisation als eine Informationsquelle über zeitliche und örtliche Realitäten verwenden – hier konkret über die Möglichkeiten und Grenzen der böhmischen Gesellschaft, bzw. ihrer Eliten im 13. Jahrhundert. Die Zisterzienser bildeten eine grenzübergreifende Organisa-

---

[55] Edward Said hat dazu bemerkt: „Die Geschichte aller Kulturen ist eine Geschichte der Kulturanleihen." Siehe *Edward Said*, Culture and Imperialism, New York 1993[2], 261.

[56] *Richard W. Southern*, Western Society and the Church in the Middle Ages, Harmondsworth 1970, 255.

tion mit prinzipiell straffen Regeln, die in ihrem raschen Wachstum stets das Problem der Einheit (Ideal) und Vielfalt (Realität) thematisieren und kommunizieren musste. In Böhmen sind die wichtigsten Gründer der neuen Orden (neben Zisterzienser auch Prämonstratenser) vor allem die Adeligen.[57] (Der Olmützer Bischof Heinrich Zdik spielte mehr die Rolle eines Mittelsmannes.)[58] Der sich neu konstituierende Adel war wohl der eigentliche Adressat der zisterziensischen Kolonisation, die nicht nur ihre wirtschaftliche Seite zeigte:[59] In der Gründungsurkunde von dem Kloster Sedlec ist zu lesen, dass der Adelige Miroslav das Kloster gründete, weil er kinderlos geblieben ist. Die Motive für die Gründungen Osek, Hradiště, Vyšší Brod, Zbraslav und Velehrad waren ähnlich: Gründung einer Grabstätte für das Haus des Gründers (und das gegen einer dies betreffenden Anordnung des Generalkapitels aus dem Jahr 1180). Ohne Zweifel hob die Gründung und Unterstützung eines Klosters das symbolische Kapital des Gründers schon während seines Lebens, unter anderem legitimierte sie seinen grundherrschaftlichen Status. Für das 12. Jahrhundert haben wir keinen direkten Beweis dafür, dass die Zisterzienser sich an umfangreicheren Dorfgründungen beteiligten. Es sieht heute so aus,

---

[57] Das gilt sowohl für Böhmen (*Kateřina Charvátová*, Dějiny cisterckého řádu v Čechách 1142-1420 I., Praha 1998, 67), als auch für Mähren (*Borovský*, Klaštery, 40) und es ist vergleichbar mit dem Stand in anderen europäischen Ländern. Dabei waren bis zur Mitte des 12. Jahrhunderts alle Klosterfundationen in Böhmen das Werk der herrschenden Dynastie.

[58] So wie Anders Sunesen, der Erzbischof von Lund (1201-1224), in Dänmark (siehe *Bartlett*, The Making, 289).

[59] Der bekannteste Beispiel eines solchen Gründers in den böhmischen Ländern ist der selige Hroznata von Tepl. Er gründete zwei Klöster der Prämonstratenser (männliches Teplá - Tepl und weibliches Chotěšov - Chotieschau). Zu Hroznata siehe *Petr Kubín*, Blahoslavený Hroznata. Kritický životopis, Praha 2000. Zu den kompexen Ursachen und Wirkungen dieser Gründungen siehe *Klápště*, Proměna, 75-77.

dass ihre Rolle eher stimulierenden Charakter besaß und sie mehr mit der Stabilisierung des Gutes des Grundherren und Stifters zu tun hatten. Bei der Gründung erhielten die Zisterzienser nämlich schon bestehende Dörfer. Zuweilen betrachteten die Adeligen das dem Kloster gestiftete Gut auch später als ihr eigenes. Solche Praxis war in der Zeit außerdem üblicher, als man denken würde.[60]

Die Stabilisierung des Grundbesitzes der Gründer war eine der wichtigsten Voraussetzungen für den großen Wandel der böhmischen Länder im 13. Jahrhundert. Die Folge dessen war wiederum ein Aufstieg der Zisterzienser in Böhmen und Mähren. Mit dem Großen Privileg der böhmischen Kirche aus dem Jahr 1222 begann eine langsame Emanzipierung der einzelnen Gründungen von der Person und Familien ihrer Stifter.[61] Dabei wurde der gestiftete, schon bestehende Besitz in der Regel nicht wesentlich durch neue Dorfgründungen, bzw. Rodungen ausgeweitet: die durchschnittliche Zahl der neu gegründeten Dörfer für ein zisterziensisches Kloster in Böhmen liegt zwischen drei und sieben. Nur das reiche königliche Stift Goldenkron (Zlatá Koruna), das seit der Gründung über geräumige Wälder verfügte, gründete zwischen 1284 und 1360 mehr als 90 Dörfer.[62] Mithilfe der sich schnell entwickelnden technischen und technologischen Innovationen konnten die Zisterzienser in der zweiten Hälfte des 13. Jahrhunderts zu den stärksten und reichsten Orden gezählt werden. Die zisterziensischen Prioren bildeten im Rahmen des Königtums eine ei-

---

[60] Das Problem mittelalterlicher Klosterschenkungen – und deren Verhältnis zu derzeitegen Besitzauffassung in genere (vgl. Anm. 17) – ist eine erheblich komplexere Frage. Siehe dazu: *Barbara H. Rrosenwein*: Negotiating Space. Power, Restraint, and Privileges of Immunity in Early Medieval Europe, Manchester 1999.

[61] Siehe *Josef Žemlička*, Počátky Čech královských. Praha 2002, 111–131.

[62] Zur Geschichte der Goldenkron siehe *Jaroslav Kadlec*, Dějiny kláštera Svaté Koruny, České Budějovice 1949.

gene politische Gruppierung, die eine wichtige Stellung auf den Höfen der letzten Přemysliden inne hatte und auch den ersten zwei luxemburgischen Herrschern wichtige Dienste erwies – und das nicht nur aufgrund der Silberminen, die in der zweiten Hälfte des 13. Jahrhunderts auf dem Gebiet des Klosters Sedlec eröffnet wurden. Allerdings ist auch zu bemerken, dass die Sicht der Historiographie gerade auf die zweite Hälfte des 13. und die ersten Jahrzehnte des 14. Jahrhunderts bis heute von den Schilderungen der chronikalischen Werke der böhmischen zisterziensischen intellektuellen Elite beeinflusst ist.[63] Eine nüchterne Bewertung vor allem der Königsaaler Chronik im Kontext der zisterziensischen Geschichtsschreibung lässt auf sich immer noch warten.[64]

Die letzten Zisterziensergündungen in böhmischen Ländern waren Skalice in Böhmen (1347) und Staré Brno in Mähren (1323). Es ist zu fragen, ob das Ende der Gründungswelle in dieser Zeit etwas mit einer „Unmodernität" des Ordens zu tun hatte, oder ob der geopolitische Raum bereits mit einer optimalen Anzahl an Klöstern besetzt war. Im jeden Fall deckt sich das Datum der letzten Gründung ziemlich genau mit dem vorausgesetzten Ende der „großen Transformation" der böhmischen Länder, so wie diese die

---

[63] *Marie Bláhová*, Staročeská kronika tak řečeného Dalimila 3. Staročeská kronika tak řečeného Dalimila v kontextu středověké historiografie latinského kulturního okruhu a její pramenná hodnota, Praha 1995; *Marie Bláhová*: Klášterní historiografie ve středověkých Čechách, in: Klasztor w kulturze średniowiecznej Polski, Anna Pobóg-Lenartowicz – Marek Derwich (hrsg.), Opole 1995, 143–157.

[64] Bisher stehen uns zur Verfügung nur Einzelstudien zum Thema, siehe z.B. *Robert Antonín*, Obraz ideálního panovníka ve Zbraslavské kronice, in: Stát, státnost a rituály přemyslovského věku. Problémy, názory, otázky, Martin Wihoda – Demeter Malaťák (hrsg.), Brno 2006, 197–216; *Kateřina Charvátová*: Chronicon Aulae Regiae jako klášterní kronika, in: Marginalia historica 5, Praha 2002, 311–314; *Eduard Petrů*: Der literarische Wert des Chronicon Aulae Regiae, Zeitschrift für Slawistik 28, 1962, 7, 703–714.

gegenwärtige tschechische Historiographie versteht. Die Frage, ob das eine zufällige oder eine signifikante Übereinstimmung ist, kann erst durch weitere Forschungsergebnisse beantwortet werden.

# II.
## Menschen und Landschaft

# Die Verwandlung der Landschaft am Beispiel Südböhmens

## MARTIN MIKULÁŠ (Brno)

Als Ausgangspunkt meiner Arbeit über die Verwandlung der Landschaft im 13. Jahrhundert habe ich die Gründung der königlichen Stadt Budweis im Jahre 1265 gewählt. An diesem Beispiel, wie auch an anderen Gründungen Přemysl Ottokars II. kann man gut demonstrieren, was für einen Wandel Südböhmen in der zweiten Hälfte des genannten Jahrhunderts durchgemacht hat. Bis zu dieser Zeit war dieses Gebiet, das außerhalb der Interessensphäre des Prager Hofes lag, nur sehr dünn bevölkert. Zum Ende des 13. Jahrhunderts war dagegen diese Gegend bereits urbanisiert und die mehr entwickelten zentralen Gebiete des damaligen böhmischen Staates wurden eingeholt.

Der König Přemysl Ottokar II. hat zwar in den sechziger Jahren des 13. Jahrhunderts seinen Burggrafen Hirzo[1] mit der Vermessung der Parzellen für eine neue Stadt beauftragt. Diese wurde zwar so zu sagen auf einer grünen Wiese errichtet, dies bedeutete aber nicht, dass es um einen menschenleeren Ort ging. In der nächsten

---

[1] *Jiří Kuthan*, Česká architektura v době posledních Přemyslovců, Vimperk 1994, 90.

Nähe der künftigen Stadt befand sich eine ältere Siedlung, genannt Čéče, die aus Altbudweis her besiedelt wurde. Etwa drei Kilometer südlich entfernt befand sich ein neues, von dem Magnaten Vok von Rosenberg gegründetes Dorf. Es handelte sich in allen drei Fällen um kleine Siedlungen. Die archäologischen Funde von Geschmeide aus der zweiten Hälfte des 12. Jahrhunderts lassen vermuten, dass auch das Gebiet der geplanten Stadt bereits besiedelt war. Die Interessen der Landesherrscher vertrat in dieser Zeit Doudleby, eine sieben Kilometer entfernten Burgstätte aus dem 11. Jahrhundert.[2]

Die böhmischen Herrscher hatten wohl bis zur Hälfte des 13. Jahrhunderts kein Interesse an dem Gebiet gehabt – es sind zumindest keine schriftlichen Belege für ihre Anwesenheit in Südböhmen überliefert.[3] Das hat sich aber nach dem Erwerb der babenbergischen Erbländer grundsätzlich geändert.[4] Gerade in Südböhmen entstand die Notwendigkeit einer festen königlichen Stütze, die die Handelswege vom Süden nach Norden imstande wäre zu kontrollieren. Einige alte Burgstätten wie Doudleby waren dafür nicht mehr geeignet. (Doudleby stellte allerdings immer noch eine eindruckvolle Befestigungsanlage dar. Erstreckt auf der Landzunge über dem Fluss Malše auf einem Gelände von ca. 60 x 200 m², vom Osten durch Doppelwand geschützt, vom Westen durch Dreiwallbefestigung mit einer Holzmauer. Im Zentrum der Anlage

---

[2] *Josef Žemlička*, Čechy v době knížecí, Praha 1999, 47.

[3] *Ivan Hlaváček*, Český panovník a jižní Čechy v době předhusitské, Jihočeský sborník historický 41/1, 1972, 1–17.

[4] Mit der Möglichkeit des Gewinns der österreichischen Ländern und Steiermark befasste sich schon seit den dreißiger Jahren der Vater Přemysl Ottokars II., der König Wenzel I. Dieses erhoffte Ziel haben beide im Jahre 1251 erreicht. *Josef Žemlička*, Tradice babenbersko-přemyslovských manželských svazků, in: Česko-rakouské vztahy ve 13. století, Marie Bláhová – Ivan Hlaváček – Jan Hrdina – Petr Kubín (hrsg.), Příbram 1998, 72–75.

stand der wohl einzige steinerne Bau, nämlich die Kirche.)[5] Neben
königlichen Anlagen gab es in der Gegend einige neuere kleinere
Anlagen, die im Besitz hiesiger Adelsgeschlechter waren.[6] Ein neues Verwaltungszentrum war daher dringend notwendig, dank dem
Südböhmen mit den strategischen Wegen in die neu gewonnenen
Länder wieder unter volle Kontrolle des Herrschers hätte gestellt
werden können. Zum bedeutendsten Zentrum der neuen königlichen Verwaltung wurde Budweis. Durch das Budweiser Becken
führten zwei bedeutende alte Handelswege nach Oberösterreich,
die in der neuen landespolitischen Lage natürlich sehr an Bedeutung gewannen. Dessen waren sich sowohl der Adelige Čéč aus
Budweis (gemeint das Altbudweis) wie auch Vok von Rosenberg
gut bewusst, und gründeten ihre eigenen Siedlungen genau in dem
Gebiet. Čéč hatte später sein Dorf Budweis mit dem König gegen das Gut Velešín getauscht (ob freiwillig oder von dem König
gedrängt, bleibt unklar). Sein Dorf ist zum Vorort der Königs-
stadt geworden, es gab ihr seinen Namen, später ist das Dorf mit
der neuen Siedlung verschmolzen. Das Dorf von Vok von Rosenberg blieb eine unbedeutende Siedlung, die Konkurrenz der neuen
Stadt lastete zu schwer darauf. Mit der Gründung der Stadt Budweis ist auch die Bedeutung des alten Verwaltungszentrums dieses
Gebietes, Doudleby, gesunken, so sehr sogar, dass Doudleby ab
den sechziger Jahren des 13. Jahrhunderts gar nicht mehr in den
schriftlichen Quellen auftauchen.

Es bleibt, die Frage zu beantworten, warum Ottokar II. für
sein neues Zentrum in Südböhmen entweder die ältere der Krone gehörende Siedlung Čéče oder gar die alte Burgstätte Doudle-

---

[5] *Jiří Kuthan*, Středověká architektura v jižních Čechách do poloviny 13. století, Vimperk 1997, 23.

[6] Diese „Burgen" waren meistens nur Bergfriede und Stockbauten-Paläste, wie
z.B. Böhmisch Krumau, die Siedlung der südböhmischen Witigonen (Rosen-
berger).

by nicht verwendete. Wohl aus strategischen Gründen: Die neu gegründete Stadt lag nämlich an dem Zusammenfluss von Vltava und Malše, in einem Sumpfgebiet, das einen ausgezeichneten Schutz vor potentiellen Angriffen anbot. Andererseits musste das Errichten einer solchen großzügigen Siedlung auf einem unstabilen Grund sowohl technisch als auch finanziell sehr aufwendig sein: Budweis ist mit ihrem Schachbrettgrundriss das Musterbeispiel einer mittelalterlichen Stadtgründung. Man kann den beeindruckenden Platz 133 x 133 m² und die breiten Straßen bis heute bewundern. Planung einer solchen freien Fläche in der Mitte der Stadt kann mit wirtschaftlichen oder etwa militärischen Bedürfnissen nicht erklärt werden. Peter Johanek deutete den Budweiser Hauptplatz als einen für öffentliche Repräsentationen und „Schauspiele" bestimmten Raum.[7] Die Stadt als solche sollte die königliche Macht und die Ambitionen des Gründers in einem bisher nur vom Adel beherrschten Gebiet zur Schau stellen. Auch das technisch sehr anstrengende Unternehmen sollte die Zeitgenossen durch eine großzügige Ausführung in Staunen setzen und zugleich symbolisch für den Souverän des Landes stehen. Die nur sieben Kilometer entfernte Burg Hluboká diente dem Schutz der neuen Stadt. Leider ist diese Burg in den folgenden Jahrhunderten radikal umbaut worden, daher sieht man heute von der ursprünglichen Anlage kaum etwas. Als Teil des Verteidigungs- und Verwaltungsnetzes Südböhmens ist eine weitere Fundation Přemysl Ottokar II. zu nennen, nämlich entlang des Weges nach Prag positionierte erste königliche Stadt Südböhmens – Písek.[8] Hier findet man auch die älteste erhaltene Steinbrücke Böhmens, die in der zweiten Hälf-

---

[7] *Peter Johanek*, Die Städte als Bühne der Politik Karls IV., Ein Beitrag aus dem Symposium Kunst als Herrschaftsinstrument unter den Luxemburgern, Böhmen und das Heilige Römische Reich im europäischen Kontext, Ballhaus der Prager Burg, 9.–13. Mai 2006.

[8] *Kuthan*, Česká architektura , 286.

te des 13. Jahrhunderts erbaut wurde. Es handelt sich wieder um einen sowohl verfahrenstechnisch als auch finanziell sehr aufwendigen Bau. Zu dieser Zeit stand eine Steinbrücke nur im königlichen Prag und in der bischöflichen Residenz Raudnitz bei Prag. In Písek wurde, anders als in Budweis, auch eine königliche Burg erbaut. Es handelte sich um einen Bau auf dem Quadratgrundriss und mit vier viereckigen Türmen in den Ecken. Im ersten Stock befanden sich gewölbte Räume mit dem Repräsentationssaal, die mit einem gewölbten Arkadenumgang verbunden waren, was bei uns zum ersten Male bei einem Burgbau zu sehen ist. Analogisches ist nur in den zeitgenössischen Klostergängen zu finden. Dieses anspruchsvolle Bindungsglied fand seine Verwendung auch auf der Burg Zvíkov, dem imaginären Tore nach Südböhmen.[9] Hier sind auch im großen Maße die gewölbten Räume zur Geltung gebracht worden, von denen die Burgkapelle künstlerisch am aufwendigsten ist, sie stellt eine Analogie zur königlichen Kapelle Sainte-Chapelle in Paris dar. Auf beiden Burgen ist auch Rippengewölbe zu finden, was wiederum als auf die Macht und Reichtum des Erbauers hinweisendes künstlerisches Element zu deuten ist. Architektonisch anspruchsvoll ist der Bau des Zisterzienserklosters Zlatá Koruna.[10] Auch diese Gründung ist als Teil eines Verteidigungssystems zu verstehen. Das Kloster ist bloß sechs Kilometer von einer der Hauptresidenzen der Witigonen Český Krumlov (Böhmisch Krumau) – erbaut worden. Die Erbauung einer Burg oder Stadt in der nächsten Nähe der Domäne der Witigonen könnte als eine königliche Provokation aufgefasst werden. Dagegen wirkt die Gründung eines Klosters auf den ersten Blick nicht so provokativ. In der ersten Reihe ging es doch um eine kirchliche Institution. Die Zisterzienser

---

[9] Nach *Kuthan*, Česká architektura, 500 wurde Zvíkov (Klingenberg) zwar nicht von Přemysl Ottokar II. gegründet, in dieser Zeit gewann die Burg aber die heutige Gestalt.

[10] *Kuthan*, Česká architektura, 482–488.

waren das ganze Mittelalter als hervorragende Kolonisatoren bekannt. Ihre Hauptaufgabe war die Pflege der Landschaft, in diesem
Falle ging es auch um eine Vermehrung der königlichen Habe.

Die ursprünglichen Zisterzienserklöster waren architektonisch
sehr einfach und mit dem Nachdruck auf möglichst große Selbst-
ständigkeit. Das galt aber keinesfalls für Zlatá Koruna. Das Kloster ist einerseits reichlich begütert worden, andererseits war auch
die künstlerische Ausführung sehr prachtvoll. Zum ersten Male in
den böhmischen Ländern wurde sogar das Klostergewölbe nach
dem Muster der französischen Kathedralen von außen mit dem
Bogenstützsystem gestützt.[11] Außer dem Presbyterium der Klosterkirche gehört zu den ältesten Teilen dieses Baus die Stockkapelle
der Schutzengel, bei der wieder an die Sainte-Chapelle in Paris zu
denken ist.

Für alle diese Gründungen von Přemysl ist die architektonisch
aufwendige Ausführung bezeichnend. Wie bereits gesagt, schöpfte
Přemysl die Inspiration für seine Kapellen bei der von Ludwig IX.
erbauten Sainte-Chapelle. Dieser Typ der Einstockkapelle ist einerseits auf den königlichen Burgen (Zvíkov, Buchlov, Spilberg,
Písek), andererseits in den Klostern (Plasy, Zlatá Koruna) zu finden.[12] Man darf also wohl sagen, dass dieser Typ zum Ideal einer
königlichen Kapelle dieser Zeit wurde. Dem Umkreise Ludwigs IX.
des Heiligen entstammt auch der Gedanke der Verwendung einzelner Komponenten der Kathedrale bei dem Bau einer Klosterkirche, was in Zlatá Koruna geschah.[13] Neben dieser Inspirations-
quelle war wichtig auch die kaiserliche Kunst Friedrichs II., wie die

---

[11] *Vladimír Denkstein - František Matouš*, Jihočeská gotika, Praha 1953, 23.

[12] *Jiří Kuthan*, Královské kaple 13. století v českých zemích, styl, typologie,
sociální kořeny a význam, Umění 34, 1986, 38–40.

[13] Ludwig IX. gründete mit seiner Mutter Blanche von Kastilien die Zister-
zienserabtei Royaumont, die zur letzten Ruhestätte der Mitglieder der königlichen Familie wurde. Die Klosterkirche mit ihrem Grundriss und ihrer

Nachahmung von dem Bautypus des italienischen Kastells bei den Burgen in Písek und Zvíkov. Wahrscheinlich handelte es sich in diesem Falle um programmatisches Anknüpfen an die kaiserliche Tradition. (In der Zeit war Přemysl II. bemüht, die königliche bzw. kaiserliche Krone zu gewinnen).[14] Auf einer allgemeinen Ebene ist auch bei der königlichen Stadt Budweis an kaiserliche Inspiration zu denken. Regelmäßiger Schachbrettgrundriss und breite Straßen galten seit der Antike als die ideale Form einer kaiserlichen Residenz, wie auch einer Stadt allgemein.

Wie schon erwähnt, reichte der Ehrgeiz von Přemysl Ottokar II. bis zum kaiserlichen Thron, weshalb sich der König auch entsprechend präsentierte. Und welche Ausführung konnte besser als Vorbild der Repräsentation eines idealen Herrschers dienen als diejenige in der Kunst des französischen Königs Ludwigs des Heiligen, des bedeutendsten europäischen Herrschers der zweiten Hälfte des 13. Jahrhunderts oder in der Friedrichs II., des letzten großen Kaisers vor dem Interregnum. Durch die Synthese charakteristischer Merkmale beider Stile entstand der Stil Přemysl Ottokars II., des Kandidaten auf den kaiserlichen Thron. Diese Kunst kam zu ihrer vollen Geltung auf dem Gebiet, das bisher vom Adel beherrscht worden ist. Der Herrscher hat sich dieses Gebiet mit

---

Konstruktion entspricht nicht den idellen Vorstellungen von einem Zisterzienserkloster. Im Falle von Zlatá Koruna ging es nicht um königliche Ruhestätte, jedoch auch hier mussten die idellen Vorstellungen der Zisterzienser der Repräsentation der königlichen Macht und königliches Reichtums weichen. Zlatá Koruna ist direkt mit der Person des französischen Königs verbunden, dieser soll dem Ottokar II. den Dorn aus der Krone von Christus geschenkt haben. Ottokar widmete diese Reliquie seinem neu gegründeten Kloster. Der ursprüngliche Name von Zlatá Koruna [Goldene Krone] war Heilige Dornenkrone, später wurde das Kloster wegen seines Reichtums umbenannt. *Jiří Kuthan*, Gloria Sacri Ordinis Cisterciensis, Sborník Katolické teologické fakulty Univerzity Karlovy. Dějiny umění – historie III, Praha 2005, 18 und 99.

[14] *Jiří Kuthan*, Stavby písecké huti, Umění 21, 1973, 25.

Hilfe der Gründungen sowohl wortwörtlich, als auch im übertragenen Sinne unterworfen.

Vor der Mitte des 13. Jahrhunderts war Südböhmen eine Gegend ohne Städte und mit fast keinen königlich Burgen, die Verwaltungszentren waren alte Burgstätten aus dem 11. Jahrhundert, wo wahrscheinlich fast keine Steinbauten standen. Das hat sich nach nur 30 Jahren durchgreifend geändert. Dank der neuen politischen Konstellation in Mitteleuropa ist Südböhmen vom unbedeutenden Randgebiet an die Spitze der damaligen Entwicklung gesprungen. Neue königliche Bauaktivitäten waren für den Adel (vor allem für die weit verzweigten Witigonen) ein Ansporn zum gegenseitigen Wetteifern. Südböhmen ist dank diesem Wetteifern eine Gegend mit schönen Städten und Burgen des Landes geworden, die wir bis heute bewundern können.

# *Bruno von Schaumburg:*
# *Olmützer Bischof, Kolonisator*
# *und Staatsman*

## Stanislav Bárta (Brno)

Am Ende des 13. Jahrhunderts vergleicht Heinrich von Heimburg den Bischof Bruno von Schaumburg mit dem nach dem Tode Königs Ottokar einzig verbliebenen Auge Mährens und beklagt, dass nach dem Verlust Brunos das verelendete Land nun erblindet in der Finsternis taumeln muss.[1] Nach dieser Klage folgt ein panegyrisches Gedicht, in welchem Brunos Leben und Tätigkeiten gelobt werden. Es ist ein seltsamer Fall. In den Quellen lesen wir nur lobende Worte. „Die Überlieferung hat dieser Persönlichkeit niemals ein Übles nachgesagt."[2] Bruno hat die Achtung und die Bewunderung gewonnen. War er aber wirklich so ungewöhnlich? Welche

---

[1] Annales Heinrici Heimburgensis, in: Fontes Rerum Bohemicarum III, Josef Emler (hrsg), Praha 1882, 318: „[...] O Moravia amisso primo rege Ottakaro, quasi uno tuorum luminum evolso, ad huc lucem me in altero habere videbaris; nunc autem utroque orbata, quodammodo in tenebras palpitare videris. Plange ergo, tantis te fore luminibus spoliatam [...]".

[2] *Max Eisler*, Geschichte Brunos von Schauenburg, Zeitschrift des deutschen Vereins für Geschichte Mährens 11, 1907, 372.

Rolle spielte er eigentlich in der mährischen und mitteleuropäischen Geschichte?

Das 13. Jahrhudert war in Mähren und im ganzen Staat der
Přemysliden eine Zeit von stürmischen Veränderungen. Die Kolonisation veränderte das Bild der Landschaft, neue Rechtsbeziehungen wurden eingeführt, die Landesverwaltung wurde umgestal-
tet, usw.[3] Diese Prozesse werden in Mähren traditionell mit dem
Bischof Bruno verbunden, trotzdem muss man die Anfänge dieser Innovationsansätze bereits in der Zeit des Markgrafs Wladislaw
Heinrich suchen.[4] Aber in der Zeit des Bischofs Bruno kam es zu
einer Wendung und großer Beschleunigung dieser Ansätze. Wie
war aber sein wirklicher Anteil an diesen Aktivitäten? Kann nur
eine Person so sehr die Entwicklung eines Landes beeinflussen?

Bruno wurde um das Jahr 1205 geboren.[5] Er entstammte dem
Hause der Grafen von Schauenburg und Hollstein und als dritter
Sohn war er wohl für den geistlichen Stand bestimmt. Schon 1229

---

[3] Mit umfanreicher Literaturübersicht *Josef Žemlička*, Počátky Čech královských (1198-1253). Proměna státu a společnosti, Praha 2002, vornehmlich
204-332. *Jan Klápště*, Proměna českých zemí ve středověku, Praha 2005.

[4] Vgl. z.B. *Martin Wihoda*, Geneze městského zřízení na Moravě jako zakla-
datelské dílo markraběte Vladislava Jindřicha?, Sborník prací Filozofické fakulty brněnské univerzity-C 45, 1998, 21-35; *Ders.*, Geneze moravské šlechty,
Acta historica et museologica 2, 1995, 23-41; *Ders.*, Itinerář moravského
markraběte Vladislava Jindřicha, Sborník prací Filozofické fakulty brněnské
univerzity-C 47, 2000, 6. Man kann die Veränderungen auch im Verwaltungs-
bereich verfolgen, vgl. *Libor Jan*, Vznik zemského soudu a správa středověké
Moravy, Brno 2000, 17-32.

[5] In Brunos Tätigkeiten vor seiner Providierung für das Bistum Olmütz siehe
*Max Eisler*, Geschichte Brunos von Schauenburg, 240-250 und *Josef Matzke*,
Das Bistum Olmütz im Hochmittelalter von Heinrich Zdik bis Bruno von
Schaumburg 1126-1281, Königstein - Taunus 1969, 45-46; *Karl Heinz Tillack*,
Studien über Bruno von Schauenburg und die Politik Ottokars II. von Böh-
men (ungedruckte Doktorarbeit), Münster 1959, 2-5 bearbeitet ausführlich
Brunos Itinerar bis 1245.

bekleidete Bruno die Dignität des Propstes im Kapitel zu Lübeck und in demselben Jahr wurde er auch zum Mitglied des Metropolitankapitels zu St. Mauritius in Magdeburg.[6] In 1236 von Bruno ausgestellten Urkunden begegnen wir ihn auf dem Posten des Propstes zu Hamburg.[7] 1238 wurde er von einer Partei des Domkapitels in Magdeburg zum Dompropst gewählt. Sein Gegenkandidat wurde aber tödlich verwundet. Bruno ist in Verdacht gekommen und darum exkommuniziert worden.[8] Später konnte er seine Unschuld beweisen, wurde zum päpstlichen Kaplan ernannt und hat an der Vorbereitung des Konzils in Lyon teilgenommen. Dort (auf dem Konzil in Lyon) wurde er 1245 für das Bistum Olmütz providiert.[9]

---

[6] Regesta Archiepiscopatus Magdeburgensis II, Georg Adalbert von Mülverstedt (hrsg.), Magdeburg 1881, 410-411, Num. 886: „*[...] Bruno, Probst von St. Johann in Lübeck und Domherr des Erzstifts Magdeburg [...]*"

[7] Hamburgisches Urkundenbuch I, Johann Martin Lappenberg (hrsg.), Hamburg 1907, 433-434, Num. 504: „*[...] Bruno, Dei gratia Hamburgensis ecclesie prepositus [...]*", ebda, 434, Num. 505: „*[...] Bruno, dei gratia in Hammborg prepositus [...]*"

[8] Annales Erphordenses, Georg Heinrich Pertz (hrsg.), MGH SS XVI., Hannoverae 1859, 32: „*[...] Hoc anno, adhuc electis illis duobus prepositis Magdeburgensibus, Alberto videlicet et Brunone, inter se confligentibus nec ullo consilio vel arbitrio cedentibus, contigit servos Brunonis in Magdeburc manentes ad castrum vicinum, in quo predictus usque ad muros civitatis, unum ex eis graviter vulneravit. Quod videns quidam partis adverse, stans in muro sagittam direxit, ac Albertum lethaliter vulneravit. Qui mox accito confessore confessus ac defunctus est 5. Idus Martii [...]*", Annales Stadenses, Johann Martin Lappenberg (hrsg.), MGH SS XVI, 363: „*[...] A.D. 1238 [...] Albertus, frater comitis Glico, electus in praepositum, Magdaburg ante portam civitatis sagitta perfossus, interiit 6. Idus Martii, praeposito Brunone, qui ab alia parte electus erat, penitus ignorante [...]*", vgl. Regesta Archiepiscopatus Magdeburgensis II, 500, Num. 1090 „*[...] und der Probst Bruno, der damals excommunicirt, sei damals nicht in der Magdeburger Erzdioceze (provincia) anwesend gewesen [...]*"

[9] Codex diplomaticus et epistolaris regni Bohemiae IV/1, Jindřich Šebánek - Sáša Dušková (hrsg.), Pragae 1962, 161-162, Num. 72; 162-163, Num. 73 und Num. 74; 163-164, Num. 75; 164-165, Num. 76; 166, Num. 77.

Seit 1240 saßen auf dem bischöflichen Stuhl in Olmütz zwei Bischöfe. Des Amtes hat sich Konrad von Friedberg - ein Favorit des Königs - bemächtigt. Aber Befürworter des geschlagenen Kandidaten und ehemalige Mitglieder des Kapitels beklagten sich bei der Kurie. Und diesen Konflikt sollte die Providierung von Bruno lösen.[10] König Wenzel war allerdings mit dieser Regelung nicht einverstanden und er hielt an seinem Kandidaten fest, darum verlief Brunos Eintritt in die Diözese nicht ohne Schwierigkeiten. Er hat sein Amt erst 1247 angetreten.[11] Die Bistumsgüter haben dank der Rechtsunsicherheit und auch dank des schlechten Wirtschaftens seines Vorgängers viel Schaden erlitten und Bruno wurde vor eine schwierige Aufgabe gestellt, es war nämlich nötig die wirtschaftliche, militärische und auch politische Stellung seines Bistums zu verbessern. Das Vertrauen des Königs Wenzel gewann Bischof Bruno während des Aufstandes von Prinz Ottokar gegen seinen Vater, nachdem er sich mit aller Entschiedenheit auf die Seite des Königs gestellt hatte.[12] Nach der Beilegung des Streites im Jahre 1249 konnte Bruno seine Reformstätigkeit in Angriff nehmen.

---

[10] Zum Streit um die Besetzung des bischöflichen Stuhles siehe das umfangreiche diplomatische Material im Codex diplomaticus et epistolaris regni Bohemiae IV/1, 58-59, Num. 3; 98-100, Num. 24. Und weiter Codex diplomaticus et epistolaris regni Bohemiae IV/1, 143-144, Num. 58; 144-145, Num. 59; 145-146, Num. 60; 146-147, Num. 61; 161-162, Num. 72; 199-200, Num. 106. Vgl. auch *Eisler*, Geschichte Brunos, 250-253 und *Matzke*, Das Bistum Olmütz, 42-43.

[11] Er hat gleich nach seiner Ankunft in Mähren seinen Famulus Bertold für die geleistete Hilfe belohnt, siehe Codex diplomaticus et epistolaris regni Bohemiae IV/1, 383-384, Num. 219: „[...] *quoniam ergo in primo introitu episcopatus nostri, cum intraremus Moraviam, te in eiusdem ville possesione dicte Hirsitz,... ,invenimus et eandem villam ostendisti per sufficiens documentum te racionabiliter possidere [...]*". Über die Zeit der Ankunft Brunos in Mähren ist lange diskutiert worden. Die Schlussfolgerungen von Jindřich Šebánek können übernommen werden, siehe *Jindřich Šebánek - Sáša Dušková*, Panovnická a biskupská listina v českém státě doby Václava I., Rozpravy ČSAV 71/4, 1961, 113.

[12] Siehe *Josef Pekař*, O povstání kralevice Přemysla proti králi Václavovi I., Pra-

Es war nötig, eine Lösung der Situation in den Bistumsgütern zu finden. Bruno war sich voll bewusst, dass er wirtschaftliches und militärisches Potenzial seines Bistums erhöhen muss. Er hat sich entschieden, die Erfahrungen aus seiner Heimat auszuwerten. Die Einführung und breite Anwendung des Lehensrechts spielte im wirtschaftlichen Aufbau seines Bistums eine wesentliche Rolle. Die fremden Rechtsformen wurden schon vor Bruno in Mähren ausgeübt,[13] aber erst Bruno hat mit Hilfe des Lehensrechtes einen durchdachten Verwaltungsorganismus gebildet. Als Vorbild für die Lehensordnung in den Bistumsgütern diente das Magdeburger Stadtrecht aus dem Sachsenspiegel. In Brunos Lehensurkunden wurde es als *ius feudali* oder *ius ministerialum (vassallorum) ecclesie Magdeburgensis* bezeichnet.[14]

Lehensleute mussten je nach der Grösse des Lehens als Fussoldaten oder mit einem oder zwei Pferden Militärdienst leisten und die Ministerialen zu einem festgesetzten Zeitpunkt zur Ableistung bestimmter Dienste am Bischofshof erscheinen. Aber der Militär- und Hofdienst war nicht das wichtigste. Auch wirtschaftliche Aspekte spielten in den Lehensverhältnissen eine große Rolle. Die Vasallen wurden zu einem Zins an das Domkapitel verpflichtet und vor allem sollten sie zu ihren Lehen weitere Gütter - so genannte *bona emptica* - zukaufen.[15]

---

ha 1941. Kommentierte Bibliografie zum Aufstand siehe *Žemlička*, Počátky Čech královských, 672-673, Anm. 31.

[13] Vgl. Anm. 4.

[14] Vgl. z. B. Codex diplomaticus et epistolaris regni Bohemiae V/2, Jindřich Šebánek - Sáša Dušková (hrsg.), Pragae 1981, 368-369, Num. 718: „[...] *iure feodi perpetuo possidendos [...]*", Codex diplomaticus et epistolaris regni Bohemiae IV/1, 383-384, Num. 219: „[...] *ipsius feodi ius vassallorum ecclesie Magdebrgensi habeas [...]*"

[15] *Wilhelm Weizsäcker*, Olmützer Lehenswesen unter Bischof Bruno, Zeitschrift des deutschen Vereins für Geschichte Mährens 20, 1916, 32-56, *Milan Sovadina*, Lenní listiny biskupa Bruna, Sborník archivních prací 24, 1974, 426-460.

Lehensleute und Ministerialen rekrutieren sich zunächst aus Mitgliedern des Gefolges, das mit Bruno nach Olmütz gekommen war. Sie sind in beiderseitig günstige Verhältnisse mit dem Bischof eingetreten und haben auch das größte, mit der Realisierung der Kolonisation verbundene Risiko getragen. Sie haben die Siedler (am meisten aus der einheimischen Bevölkerung) angeworben und das zugewiesene Siedlugsgebiet aufgeteilt. Ihre Rolle können wir am Beispiel Helemberts de Turri (von Thurn) zeigen.

Dieser ist mit Bischof Bruno aus seiner Heimat gekommen und hat auf seinem Hof als „Marschall" gedient.[16] Er wurde von Bruno mit der Kolonisation einiger Dörfer in dem Distrikt Hotzenplotz beauftragt und hat diese Siedlungen als Lehen empfangen (unter dem Begrif Kolonisation verstehe ich die Bildung neuer Rechtsbeziehungen in einer Lokalität und eine damit verbundene Veränderung der Siedlungsstruktur). Die auf diese Weise transformierten Siedlungen hat Helembert 1256 dem Bischof zurückgegeben und dafür aus seiner Hand den ganz unbesiedelten Distrikt Slavičín bei der ungarischen Grenze zu einer neuen Kolonisation erhalten.[17]

Eine wichtige Quelle für den Verlauf der ersten Kolonisationsetappe an den Bistumsgütern stellt das Testament dar, das Bruno vor dem zweiten Feldzug nach Preussen (1267) geschrieben hat.[18] Er erinnert hier an seine Verdienste um die Erweiterung des

---

[16] Codex diplomaticus et epistolaris regni Bohemiae IV/1, 264–265, Num. 161: *"Helemberto marchalco nostro"* Zu seiner Perösnlichkeit kurzlich *Max Eisler*, Geschichte Brunos von Schauenburg, Zeitschrift des deutschen Vereins für Geschichte Mährens 11, 1907, 377–378 oder *Libuše Hrabová*, Ekonomika feudální državy olomouckého biskupství ve druhé polovině 13. století, Acta Universitatis Palackianae Olomucensis, Historica 6, Praha 1964, 102.

[17] Codex diplomaticus et epistolaris regni Bohemiae V/1, 146–148, Num. 80.

[18] Codex diplomaticus et epistolaris regni Bohemiae V/2, 75–82, Num. 526; vgl. Závěť olomouckého biskupa Bruna z roku 1267, Karel Jiřík (hrsg.), Ostrava 1967.

Grundbesitzes des Olmützer Bistums. Er beschreibt ausführlich manche Transaktionen und kolonisatorische Leistungen. Was voneinander in dem Testament scharf getrennt wird, sind termini *extirpatio* und *locatio*. *Extirpatio* bezeichnet die Waldrodung und die Erwerbung eines für Landwirtschaft geeigneten Bodens. *Locatio* bezeichnet die Veränderung der Rechts- und Siedlungsformen. Bruno übergab seinen Lehensleuten den Besitz als Lehen zu *extirpare* oder (und) *locare*.

Im Testament treten kleinere Ortschaften auf, denen wir später als Lehensbezirken begegnen. Diese Lehensbezirke finden wir nachweislich am Anfang des 14. Jahrhunderts in den ältesten Belehnungs- und Lehensgerichtsbüchern des Bistums Olmütz.[19] Bruno verfolgte wohl die Bildung einer fest geschlossenen Güterdomäne. In jedem Gebiet hat er eine Stadt als Wirtschaftszentrum und eine Burg als Militärzentrum angelegt.

Die oben beschriebene Festigung und Organization des wirtschaftlichen Hinterlandes des Bistums bildete eine unerlässliche Voraussetzung für die Realisierung der politischen Aktivitäten des Bischofs von Olmütz. Sein Gefolge war auf dem Kriegsfeld unentbehrlich. Außer dem Vorgehen gegen den Aufstand von Prinz Ottokar, wie erwähnt, hat Bruno z. B. am Schutz Mährens vor dem Angriff von Vladislav von Opole, der Kumanen und Ungarn in 1253 teilgenommen, oder 1254/55 an dem Preussenzug Ottokars.[20]

Noch interessanter ist in dieser Hinsicht der zweite Feldzug des Königs nach Preussen im Winter 1267-1268. Die Unterstützung des Deutschen Ordens wurde wohl von König Ottokar gut geplant.[21] Dieser beantragte, wie uns eine Urkunde von Klemens IV.

---

[19] Siehe Die ältesten Belehnungs- und Lehensgerichtsbücher des Bisthum Olmütz I.-II, Karl Lechner (hrsg.), Brünn 1902.

[20] *Matzke*, Das Bistum Olmütz , 58.

[21] *Jaroslav Goll*, Přemysla Otakara II. druhá výprava křížová a plán povýšiti biskupství Olomoucké na arcibiskupství, Časopis Matice Moravské 15, 1891,

belehrt, die Erhöhung des Bistums Olmütz zum Erzbistum, bzw. eine Wiederherstellung des mährischen Missionsbistums des heiligen Method. Dieses Erzbistum sollte Ottokars östliche Eroberungen als rechtliches und ideologisches Argument sichern. Die oben beschriebene Idee wurde wahrscheinlich von Bruno ausgedacht. Er war nämlich nicht nur als Krieger und Feldherr tätig, sondern auch als Politiker und Staatsmann und einflussreicher Ratgeber seines Herrn. Z.B. 1261 nach seinen Vorverhandlungen kam es zum Friedensschluss mit Ungarn, 1262 wurde er Statthalter in der Steiermark (als *capitaneus Styriae*), in Ottokars Reichspolitik spielte er auch eine wichtige Rolle usw.[22]

Seine politische Auffassung ist einem von ihm verfassten Bericht über die kirchenpolitische Lage in seinem Wirkungsbereich an Papst Gregor X. aus 1273 zu entnehmen.[23] Es ist eine sehr interessante Quelle, die einen grossen Wert hat und ziemlich genaue Vorstellungen über die Denkweisen von Bruno über die Macht und Politik erlaubt. Bruno hat sich in seinem Bericht mit mehreren Problemgebieten befasst: mit der Lage im Reich, mit der Frage der Königswahl, mit der Situation an der östlichen Grenze im Zusammenhang mit dem vorbereiteten Kreuzzug, mit der Lage des Klerus im Reich u. a.

---

102-109, *Dušan Třeštík*, Vynalezení tradice aneb Velehrad, in: Ders., Mysliti dějiny, Praha - Litomyšl 1999, 153-157.

[22] *Matzke*, Das Bistum Olmütz, 58-63. Für den Kontext des Landesausbaus Mährens siehe *Heinz Stoob*, Bruno von Olmütz, das mährische Städtenetz und die europäische Politik von 1245 bis 1281, in: Die mittelalterliche Städtebildung im südöstlichen Europa, Ders. (hrsg.), (Städteforschung, Reihe A, 4) Köln-Wien 1977, 90-135.

[23] Codex diplomaticus et epistolaris regni Bohemiae V/2, 369-376, Num. 719 I., II. Vgl. auch *Jaroslav Goll*, Zu Brunos von Olmütz Bericht an Papst Gregor X (1273), Mitteilungen des Instituts für Österreichische Geschichtsforschung 23, 1902, 487-491. Der Vergleich mit anderen Berichten für das vorbereitete Konzil von Lyon bei *Burkhard Roberg*, Das Zweite Konzil von Lyon (1274), Paderborn-München-Wien-Zürich 1990, 89-126.

Nach dem Tode Königs Ottokars (1278) wurde Bruno von König Rudolf von Habsburg für Nordmähren als Statthalter bestellt. Er konnte den Frieden und Ruhe im Land sichern. Aber nicht für lange... Am 17. 2. 1281 starb er in Olmütz und wurde in der Kollegiatskirche zu St. Mauritz in Kremsier beigesetzt.[24] Das Kapitel wählte zu seinem Nachfolger Dietrich von Neuhaus (1281–1302).

Wir könnten an einigen Beispielen sehen, wie Bruno das Leben in der Gesellschaft verschiedener Gebiete beeinflusst hatte. Vor allem hat er die Rechtsgrundlagen für die stürmischen wirtschaftlichen Innovationen und für Veränderungen der Siedlugsformen gelegt. Auch seine politische und pastorale Tätigkeit wie auch seine Verwaltungs- und landesherrschaftliche Politik waren sehr bedeutend.

---

[24] Das Granum catalogi Praesulum Moraviae, Johann Loserth (hrsg.), Archiv für Österreichische Geschichte 78, 1892, 82-83; vgl. *Miloš Kouřil*, Nový pramen k období olomouckého biskupa Bruna, in: Sborník prací k sedmdesátinám univerzitního profesora PhDr. Ladislava Hosáka, Jindřich Schulz (hrsg.), Olomouc 1968, 31-38.

# III.
## Sprachen und „Nationen“

# Deutsche als Fremde und Einheimische in der Chronistik des böhmischen Mittelalters

## Josef Ševčík (Brno)

### I. Einleitung

Die mittelalterliche böhmische Historiographie spiegelt in sich de facto, was die Hauptlinien betrifft, die Entwicklung der europäischen Historiographie wider.[1] Zum Zweck meiner Darlegung habe ich die drei wichtigen und primären historiographischen Quellen gewählt. In chronologischer Ordnung sind es: *Chronica Boemorum* des Cosmas von Prag, die Alttschechische Reimchronik des sog. Dalimils und die Königsaaler Chronik.[2]

---

[1] Es sind in diesem historischen Bereich sowohl die lateinische Chroniken und Annalen zu finden, als auch seit dem zweiten Dezennium des 13. Jahrhunderts entstehende volkssprachliche Literatur. Während die historiographischen Werke von Anfang an in Prosa oder in Versform geschrieben wurden, waren am Anfang in den volkssprachlichen Literaturen hauptsächlich Reimschriften beliebt.

[2] Cosmas von Prag (1045-21. 10. 1125), der erste und bedeutendste böhmische Chronist des Mittelalters, ist spätestens zur Abfassungszeit seiner

Die Cosmas-Chronik stellt eine historiographische Quelle von größter Wichtigkeit für die älteste mythische böhmische Geschichte bis zum Anfang des 12. Jahrhunderts dar. In der *Chronica Boemorum* wird, allgemein gesagt, die Mentalität der böhmischen Gesellschaft in der Zeit des allmählich fortschreitenden Prozesses der Entstehung eines Gemeinschaftsgefühls des Adels reflektiert und auch das durch die fortschreitende Eingliederung der böhmischen Länder in die Welt des Abendlandes, erweckte Gefühl einer Landes- und Sprachzugehörigkeit.[3]

Die alttschechische Reimchronik des sog. Dalimils stellt das erste tschechisch geschriebene historiographische Werk dar. Die Chronik schildert mit schwankender Ausführlichkeit und Zuver-

---

Chronik (1119–1125) Dekan des Prager Kapitels geworden. Siehe den entsprechenden Artikel von *Peter Hilsch* in: Biographisch-bibliographisches Kirchenlexikon IV, Bautz 1992, Spalten 543–545.

In den Handschriften wurde sie als *Kronika česká* (Chronik Böhmens) oder *Kronika* (Chronik) bezeichnet. Ihre traditionelle Benennung, die sie mit dem Namen Dalimils verbindet, verdankt sie Václav Hájek von Libočany, der im Jahre 1542 unter den Autoren der Quellen seiner „Chronik Böhmens" auch einen, wahrscheinlich erfundenen „Dalimil von Meziříčí" angeführt hat. Die viereinhalbtausend Verse der Chronik sind thematisch in hundertdrei Kapitel geordnet.

Die Bedeutung der Königsaaler Chronik für die sakral-religiöse Erhöhung des přemyslidischen Königtums wird in neueren Darstellungen mit der Rolle der Benediktinerabtei St. Denis bei Paris für den Staatskult der Kapetinger verglichen.

[3] Die Chronik von Cosmas (das einzige gesicherte Werk des Autors) ist von mehreren Autoren fortgesetzt worden und beeinflußte alle späteren böhmischen historiographischen Werke bis ins 16. Jahrhundert. Sie ist in 15 Handschriften erhalten. Während des 12. Jahrhunderts wurde in einigen böhmischen kirchlichen Institutionen an neuen Rezensionen und auch an den weiteren Fortsetzungen der Chronik von Cosmas gearbeitet. Siehe *Marie Bláhová*, Staročeská kronika tak řečeného Dalimila 3. Staročeská kronika tak řečeného Dalimila v kontextu středověké historiografie latinského kulturního okruhu a její pramenná hodnota, Praha 1995, 309.

lässigkeit böhmische Geschichte seit ihren mythischen Anfängen bis zum Jahre 1314.[4]

Die dritte Chronik, die im Kloster Königsaal vom Abt Otto und anschliessend vom Abt Peter von Zittau[5] geschrieben wurde, bildet im Kontext der böhmischen mittelalterlichen Chronistik ein außergewöhnliches Werk nicht nur was die historische Faktographie, sondern auch ihre ideologische Konzeption und Einstellung angeht.

Eine Bemerkung zur Abgrenzung der Begriffe „Fremde" und „Einheimische": Es sind in den Quellen keine lateinische Termini für den „Fremden" oder den „Einheimischen" vorhanden, sondern es geht natürlich um eine Betrachtung der heutigen Mentalitätsforschung. M. E. wäre folgende Deutung sinnvoll: „Fremder" bezeichnet jeden Ausländer. Als „Einheimischen" kann man einen Ausländer, in unserem Fall den „Deutschen", erst nach dem Verlauf der sog. deutschen Kolonisation bezeichnen, die einen Wandel in der Wahrnehmung der Zugehörigkeit mit sich brachte.[6] Ziel dieses Beitrags ist, vorzustellen, wie sich die Auffassung der Deutschen als

---

[4] Es handelt sich jedoch um keine klassische *origo gentis* mehr, wie in der Chronik von Cosmas.

[5] Peter von Zittau (1275–1338), Kaplan und Abt (1316) des Zisterzienserklosters Königsaal bei Prag (Zbraslav, Aula Regia) und einer der wichtigsten Chronisten des 14. Jahrhunderts (*Chronicon Aulae Regiae*), was die Regierungszeit der letzten böhmischen Könige der Dynastien der Přemysliden und der Regierungszeit von Johann von Luxemburg betrifft.

[6] Als „Fremde" werden Deutsche und Polen wahrgenommen - ab und zu auch die, die in Böhmen ansässig waren. Als „Einheimische" werden die Deutschen seit dem 13. Jahrhundert wahrgenommen. Die Assimilation der neuen Bevölkerung (z.B. aus dem Römischen Reich) war allerdings in der Zeit noch nicht abgeschlossen und hervorrief in der einheimischen Bevölkerung Gefühle der Unsicherheit hervor. Den Höhepunkt dieser Unsicherheiten repräsentieren, meiner Meinung nach, die anti-deutschen Äußerungen Dalimils. Eine geradezu entgegengesetzte Position vertritt in seinem Werk Peter von Zittau.

„Fremde" im Laufe der Zeit veränderte: sie blieb allerdings dauerhaft unscharf

## II. Cosmas von Prag und seine Chronik der Böhmen

Die in der Chronik der Böhmen vertretene Auffassung der Geschichte Böhmens beeinflusste nicht nur die zeitgenössische Bildungselite in Böhmen, für die das Werk eigentlich bestimmt war, sondern prägte auch das historische Bewusstsein der böhmischen Gesellschaft in den folgenden Jahrhunderten.[7] An folgenden drei ausgewählten Stellen aus der Chronik kann man die Wahrnehmung deutscher Bevölkerung in Böhmen am Anfang des zwölften Jahrhunderts demonstrieren:

1. *Perpendit enim innatam Teutonicis superbiam, et quod semper tumido fastu habeant despectui Sclavos et eorum linguam.*[8]
2. *Frater tuus, beate memoriae Spitigneu, aliquid sapuit, qui una die omnes Teutonicos hac de terra extrusit.*[9]
3. *[...] sibi in auxilium acquirit Teutonicos, qui pro sui stultitia aestimabant in Boemia auri et argenti pondera fore in plateis sparsa et exposita.*[10]

---

[7] Die Betrachtung der Deutschen bei Cosmas will ich mit dem Begriff „Fremde" im Sinne „Ausländer" charakterisieren. Cosmas schilderte die Geschichte des Volkes von Böhmen und seiner Herrscher von ihren mythischen Anfängen bis zu seiner eigenen Gegenwart. Die Chronik ist aus dem Blickwinkel eines böhmischen kirchlichen Würdenträgers verfasst und spiegelt die Interessen der böhmischen Geistlichkeit. Als „xenofob", wie es in der Forschung ab und zu der Fall ist, kann man allerdings sein Werk nicht bezeichnen.

[8] Cosmae Pragensis Chronica Boemorum, Bertold Bretholz (hrsg.), MGH SSrG NS 2, Berlin 1923, 40.

[9] Ebda, 23.

[10] Ebda, 15.

Es heißt, die Deutschen kommen mit Hochmut und Verachtung nach Böhmen, nur ihrem Geldgier folgend. In ihrer Ignoranz haben sie kein Interesse daran, von dem Land und dem Volk etwas zu erfahren. Es mangelt ihnen an Demut und guten Sitten, die erlauben würden, sie willkommen zu heißen. Die drei oben zitierten Formulierungen stellen keine zufällige Auswahl aus unterschiedlichen Meinungen dar, sondern sie sind für die ganze Chronik repräsentativ – wir haben mit einem bestimmten Denksystem, einer Tendenz, mit einer Ideologie zu tun.[11] Cosmas beabsichtigte, eine Geschichte der böhmischen Landes- und Sprachnation zugleich zu schreiben. Im Vergleich mit den frühmittelalterlichen Historikern der *gentes*, wie z.B. den Werken von Beda Venerabilis oder Gregor von Tours, steht Cosmas auf einer qualitativ höheren Stufe; – er gehört ohne Zweifel zu den Begründern der Landesgeschichtsschreibung des hohen Mittelalters, wie z. B. Gallus Anonymus oder Saxo Grammaticus.

### III. Die alttschechische Reimchronik Dalimils

Der sog. Dalimil hat sein Werk sowohl als Geschichte des böhmischen Volkes als auch des böhmischen Staates verfasst. Er hat sein Werk geschrieben, um der Elite des böhmischen Volkes, das heißt vor allem dem böhmischen Adel, ihre Herkunft und die vergangene Geschicke ihres Landes vor Augen zu führen, damit, wie er in seiner Vorrede behauptet, jeder daraus lernen könne. Wie sahen in seinem Werk „die Deutschen" aus?

---

[11] Seine Vorstellungen über den Herrscher der Böhmen, über die Nation sind beachtlich geschlossen und sie münden in eine abstrakte Vorstellung des Staates als symbolisiert mit dem idealen Fürsten (dem heiligen Wenzel). Siehe *Dušan Třeštík*, Kosmas, Praha 1972, 113–120.

1. *Ten kteréhož Němče uzřieše, / k sobě přivésti kázáše / a nos jemu uřezáše / řka: „Němče, po světu nehleď, / v svéj zemi mezi svými seď! / Po dobrés od svých nevyšel, / pověz, proč jsi mezi cizie přišel?*[12]
2. *Po tom král počě o svých netbati, / města i vsi počě Němcóm dávati. / Němcóv jě (sě) zdí hraditi / A pánóm počě násilné činiti.*[13]

Den Deutschen, die nach Böhmen aus eigenem Willen gekommen sind, sollen die Nasen abgeschnitten werden – hier dehnt Dalimil einen Racheakt nach einer gewonnenen Schlacht, so wie dieser in einer von seinen Vorlagen beschrieben wurde,[14] auf alle Deutschen aus, die damit schon für ihre bloße Anwesenheit im Lande bestraft werden. Er schreibt diese Handlung einem Herrscher zu, der in Wirklichkeit bedeutende Privilegien für deutsche Siedler aus dem Reich ausgestellt hatte. In Dalimils Auffassung regiert der gute Herrscher nicht allein, er hält den Rat mit seinen Landsleuten, hier also mit dem böhmischen Adel. Die vornehme Herkunft, Ehre

---

[12] Rýmovaná kronika česká tak řečeného Dalimila. Josef Jireček (hrsg.), in: Fontes Rerum Bohemicarum III, Josef Emler (hrsg.), Praha 1882, 68, 2-8: „Wenn dieser [d.h. Fürst Soběslav] einen gleich welchen Deutschen sah, befahl er ihn zu sich zu bringen, um ihm die Nase abzuschneiden. Dazu hat er ihm gesagt: „Du, Deutscher, schaue dich nicht in der Welt um, bleibe sitzen in deinem Land unter deinen Menschen! Im Guten bist du bestimmt nicht von deinen Leuten weggegangen, sag uns also, warum du unter die Fremden gekommen bist?"

[13] Ebda, 86, 5-3: „Danach hat der König [A.D. 1264] seine Eigenen ignoriert, die Städte und Dörfer hat er unter die Deutschen angefangen zu verteilen, die Deutschen haben diese [danach] mit einem Wall umgeben und den Herren [d.h. dem Landesadel] mit Gewalt Schaden zugefügt."

[14] Gerlach erzählt nur, wie, nach einer Schlacht, einige Deutsche niedergemetzelt (massakriert) wurden und anderen die Nasen abgeschnitten wurden. Im Originaltext klingt es, wie folgt: „[...] *multi quoque ex eis occisi, residuique nasos praecisi.*" (Letopisy Vincencia, kanovníka kostela pražského, a Jarlocha, opata kláštera milevského, Josef Emler (hrsg.), in: Fontes Rerum Bohemicarum II, Ders. (hrsg.), Praha 1875, 461-516, 474).

und das Wappen unterscheiden den Adel von *chlapy* („Kerle"). Mit diesem Wort werden Menschen des niedrigen Standes bezeichnet, konkret vor allem die Bewohner der Städte, in denen der Chronist die wichtigsten Konkurrenten des Adels sieht. Weil die Bewohner der böhmischen Städte größtenteils Deutsche waren, bekam dieser an sich soziale Konflikt, der fast in allen spätmittelalterlichen europäischen Ländern anzutreffen ist, eine sprachnationale Form. Der Adel ist für Dalimil der eigentliche Repräsentant des Landes.[15] Ein guter böhmischer Fürst leidet in seinem Rat keine Deutschen, d.h. keine (fremdsprachigen) Städter und bevorzugt lieber den einheimischen Adel. Was aber in den Augen des Chronisten noch wesentlich schlimmer ist, ist „fremde" Deutschen nach Böhmen einzuladen. Das beste Rezept dagegen ist die Vertreibung dieser unwillkommenen Ankömmlinge. Den Fremdenhass hält Dalimil für eine der besten Charaktereigenschaften eines Herrschers. Nach Bláhová überrascht es daher wenig, wenn die Forscherin I. Glier Dalimil mit folgenden Worten charakterisierte: „Die meisten Chronisten gehen glimpflicher mit den Juden um als der Autor des „Dalimils" mit den Deutschen".[16]

Das zweite Zitat zeigt das deutsche Benehmen als adelsfeindlich, laut Dalimil sei daran auch der König schuld, da er seine eigenen Untertanen ignoriert hat. Der Antagonismus des Chronisten betrifft alle Deutschen, Bauern eingeschlossen, die nach Böhmen im Laufe der deutschen Kolonisation gekommen waren. Am schärfsten tritt er jedoch im herrischen Ton gegen die Fremden (auch hier vor allem wieder gegen die Deutschen) an. Das Verhältnis des Chronisten zu den Deutschen in Böhmen spiegelt sich ebenfalls in seiner Beziehung zu den Deutschen in den deutschsprachigen Ländern und zum römisch-deutschen Reich überhaupt wider.

---

[15] Dazu siehe *Bláhová*, Staročeská kronika, 318.
[16] Siehe ebda, 241.

In der Forschung wurde lange Zeit die Frage diskutiert, ob
sich in der Chronik von Dalimil und in ähnlichen, jüngeren Quellen[17] um einen Nationalismus, oder um einen mittelalterlichen
Protonationalismus oder sogar um einen Chauvinismus handelt.
Meiner Meinung nach kann keine Rede von einem so genannten
Chauvinismus sein.[18] Jaroslav Mezník geht in seiner Analyse des
böhmischen Protonationalismus aufgrund des Gebrauchs der Wörter *Němec* („Deutsche") in der Dalimil-Chronik davon aus, dass das
Grundunterscheidungsmerkmal die Sprache ist, die der oder jener Bezeichnete spricht. Dalimils Chronik bedeutet für Mezník
einen bedeutenden Beleg des tschechischen nationalen Sprachbe-
wusstseins und des Protonationalismus zu Beginn des 14. Jahrhunderts.[19]

---

[17] Dalimil spricht allgemein über die „Tschechen", bzw. „Böhmen" als einer
Sprachnation (Siehe Rýmovaná kronika, 63,59–60). Das ist ein Grund dafür,
warum der böhmische mittelalterliche Protonationalismus oft als ein moderner Nationalismus betrachtet wird. In den Studien der Historiker František
Graus und František Šmahel wird die Problematik eingehend bearbeitet. Dieser Typ des sprachlich definierten Nationalbewusstseins ist in Böhmen in den
Quellen seit dem 12. Jahrhundert zu finden, die der geistlichen Umwelt ent-
stammen. Das Phänomen besaß eine Kontinuität bis in die Hussitenzeit.

[18] In der Brockhaus Enzyklopädie erfahren wir etwa folgendes über Chauvinismus: „eine extreme Form des Nationalismus. Chauvinist setzt sich fana-
tisch für die Belange seiner Nation ein, missachtet gänzlich die Rechte anderer Nationen und sieht daher auch den Krieg als ein Mittel der Politik. Er ist
blind für die Schwächen der eigenen Nation." Schlagwort Chauvinismus, in:
Brockhaus Enzyklopädie, 4. Band, Mannheim 1987.

[19] Das Wort *Němec* (d. h. Deutsche) ist in der Chronik 109-mal erwähnt. In
37 Fällen handelt sich eindeutig um fremde Personen, in 49 Fälle geht es
um einheimische Deutschen (Übersiedelte oder Eingeborene). Die Hypo-
these, dass Dalimil gegen die deutschen Bürger hauptsächlich anstürmt, gilt
also nicht ganz. Es geht vielmehr um eine Koinzidenz. Siehe *Jaroslav Mezník*,
Němci a Češi v kronice tak řečeného Dalimila, Časopis Matice Moravské
112, 1993, 3-10.

## IV. Die Königssaaler Chronik von Peter von Zittau

Was vor allem an der Königsaaler Chronik überrascht und was Beachtung verdient, ist die darin enthaltene Idee der Toleranz und des Verständnisses, nicht nur was die Beziehungen zwischen Tschechen und Deutschen im böhmischen Staat sondern auch, was das Verhältnis der mittelalterlichen Gesellschaft zu Juden betrifft. Aus dem umfangreichen und komplexen Text der Chronik wählen wir für unsere Zwecke folgende drei kurze Stücke:

1. *Testantur vobis veterum relata et cronice, quod nunquam occisus sit aliquis regum Bohemie per Bohemum, sed per Teutunicum et Alemanum, et si forsitan quispiam ex Bohemis manum sceleratam in suum principem extendisset, non tamen ideo tota gens reprehensibilis esset.*[20]

2. *[...] speciosus forma pre filiis fere omnium hominum, quos in eis temporibus speciositas germinavit Germanorum, aut produxit elegantis nature decora proceritas Bohemorum.*[21]

3. *Vehemens tamen questio pulsat animum in hoc facto, utrum etenim de illo Theutonicorum discessu magis nos Bohemi gaudere an dolere debeamus?*[22]

Der leitende Gedanke der Chronik ist in den zitierten Zeilen prägnant ausgedrückt: die Böhmen sind zwar besser als die Deutschen, allerdings nur wenn die Tugenden beider Völker vereint werden, entsteht eine wahre Größe. Außerdem: Die „Schuld" des Einzelnen bedeutet nicht, dass die ganze Gens durch diese befleckt wird. Und eine Freude darüber zu empfinden, wenn die „Fremden" von den „Einheimischen" malträtiert werden, ist unangebracht.

---

[20] Petra Žitavského Kronika zbraslavská, Josef Emler (hrsg.), in: Fontes rerum Bohemicarum III, Ders. (hrsg.), Praha 1884, 100.

[21] Ebda, 109. Über den Johann von Luxemburg.

[22] Ebda, 71.

Peters Chronik repräsentiert eine auf Toleranz beruhen Sichtweise der schwierigen Beziehungen der Sprachgruppe der Deutschen und Tschechen im mittelalterlichen Böhmen. Diese Sichtweise entspricht wohl ganz und gar der komplexen Identität des
Autors der Chronik: Peter von Zittau stammte aus einer säch-
sischen, d.h. deutschsprachigen Gegend, die der böhmischen Krone gehörte; er selber war zwar deutschsprachig, allerdings verstand
er sich als „Böhme", bzw. „Tscheche". Obwohl ihm die Animosi-
täten zwischen beiden Sprachgruppen durchaus bewusst waren,
versuchte er mit seinem Werk ein Muster für das friedliche Zusammenleben beider „Nationen" zu liefern. Idealerweise sollten aus
den Deutschen und Tschechen *nos Bohemi* werden.

Der Ausdruck *nos Bohemi* im Sinne der Landesbevölkerung
weist darauf hin, dass das Kriterium der unterschiedlichen Sprache
bisweilen aufgehoben werden konnte: Während der Herrschaft der
ersten Luxemburger kam es auch tatsächlich dazu. Erst am Anfang
des 15. Jahrhunderts wurden in der protonationalistischen hussitischen Bewegung neue Koordinate für die gesellschaftliche Entwicklung gestellt.

## V. Zusammenfassung

Die Cosmas-Chronik könnte man etwas überspitzt als fremden-
feindlich bezeichnen. Wer war aber eigentlich Cosmas? Er schrieb
eine Chronik, die als ein Gründungswerk der böhmischen Staatsi-
deologie zu verstehen ist. Cosmas verstand sich aber ohne Zweifel
nicht nur als „Tscheche", sondern vor allem als Mitglied der uni-
versellen kirchlichen Hierarchie, als Kleriker.[23] Einerseits ist also
Cosmas ein *Bohemus* und aus diesem Blickwinkel baut er selbst in

---

[23]  Für diese und einige andere bemerkenswerte Gedanken bin ich Herrn Pro-
fessor Josef Válka zum großen Dank verpflichtet.

seiner Chronik das böhmische Nationalbewusstsein auf. Er ist zugleich ein Mitglied der tschechischen politischen Nation, sagen wir es mehr exakt: der *familia sancti Venceslai*.[24] Andererseits denkt Cosmas im Rahmen des Römischen Reichs. Infolgedessen sind seine Äußerungen über die Deutschen sowie über andere Völker gleich universalistisch als auch „nationalistisch" auszulegen.

Die Situation des so genannten Dalimil, dessen Chronik etwa 200 Jahren nach Cosmas niedergeschrieben wurde, sowie diejenige des Zeitgenossen von Dalimil Peter von Zittau, waren vom Grund aus anders. Mit der Emanzipation des Adels und der Kirche kommt auch eine neue Identität, neue „administrative" Bezeichnung für das Land, und zwar *regnum Bohemiae* mit neuen Symbolen: böhmische Krone, böhmischer Adel und ebenfalls die tschechische Sprache. Das Königtum Böhmen durchging eine neue dramatische Periode: Seit dem 13. Jahrhundert strömte nach Böhmen neue fremdsprachige Bevölkerung, die im Unterschied zu der Zeit vor Cosmas Siedlungsenklaven bildete. Dalimil und Peter von Zittau reagierten unterschiedlich auf die neue Situation. Dalimil, ein Adeliger, hatte Angst, wehrte sich und sah in der Konfrontation zwischen den Deutschen und der Tschechen ein Mittel dafür, um die Macht in den Händen von „Tschechen" zu konzentrieren.

An der anderen Seite steht Peter von Zittau, ein „Europäer", möchte man sagen. Die Geschichtsschreibung des Klosters Königssaal stellte sich, dem Beispiel von St. Denis folgend, in den Dienst der Dynastie. (Peter begleitete den Abt Konrad von Erfurt auf vielen Reisen. 1313 reiste er mit ihm nach Italien, anlässlich der Romfahrt Kaiser Heinrichs VII., begleitete ihn auch zum Generalkapitel seines Ordens nach Citeaux. Gleichfalls verkehrte er vertraulich mit dem König.) Aufgrund des Vergleichs der drei wichtigsten chronikalischen Werke des böhmischen Mittelalters lässt sich

---

[24] Siehe *František Šmahel*, Idea národa v husitských Čechách, Praha, 2000, 23.

sehr gut der lange Prozess der Ausbildung einer Gruppenidentität beobachten, im Spannungsverhältnis von dem Bewusstsein einer Landeszugehörigkeit über eine Selbstidentifizierung des Einzelnen oder auch eines Kollektivs mit bestimmter Sprache bis zu einer protonationalistischen Gesinnung, die einen Teil konkreter wirtschaftspolitischen Vorstellungen und Ziele einer bestimmten sozialen Gruppe darstellt. Das Zusammenleben der Deutschen und Tschechen im mittelalterlichen Königtum Böhmen bietet für die Untersuchung der Problematik der mittelalterlichen Identität ein ausgezeichnetes Material, dessen Erschließung noch nicht abgeschlossen ist.

# Livland und die Kreuzfahrerstaaten: Fand eine Assimilation statt?

MÁRIA HETEY / ALEXANDER KLAUDIES (Berlin)

Dieser Beitrag beschäftigt sich mit zwei Regionen, die Zielgebiete von Kreuzzügen waren: Livland und die Kreuzfahrerstaaten. In beiden Gebieten bildeten sich Gesellschaften, in denen eine Minderheit fremder Eroberer über eine Mehrheit von Einheimischen herrschte. Der Schwerpunkt dieser Arbeit liegt hierbei weniger auf der Untersuchung der Organisation von Siedlungen, deren Anzahl oder Rechtsformen, sondern vielmehr auf der Frage nach dem Verhältnis zwischen Einheimischen und Fremden und nach möglichen Assimilations- bzw. Akkulturationsprozessen.[1] Inwieweit hatte der Umstand, dass es sich um gewaltsam eroberte Gebiete handelte, Auswirkungen auf diese Prozesse?

Im folgenden werden die Kolonisation und das daraus resultierende Verhältnis zwischen Eroberern und Einheimischen in Livland und den Kreuzfahrerstaaten untersucht. Anschließend werden

---

[1] Diese Prozesse können in zwei Richtungen wirken: Einerseits können sich die Zugewanderten an die lokale Kultur anpassen, andererseits ist es auch möglich, dass sich die Einheimischen an die Kultur der – dann gar nicht mehr so fremden – Einwanderer angleichen.

Vorgänge kultureller Anpassung bzw. Absonderung in beiden „Kolonialgesellschaften" verglichen.

## I. Kolonisation

### I. 1 Kreuzfahrerstaaten

Zur Verteidigung des eroberten Gebietes und zur Sicherung ihres Einkommens sahen sich die Kreuzfahrer gezwungen, die geplünderten und zerstörten Städte wiederaufzubauen sowie das verwüstete und brach liegende Land wieder zu bewirtschaften.[2] Das Hauptproblem, das sich ihnen hierbei stellte, war der eklatante Mangel an Arbeitskräften.[3] Ein großer Teil der muslimischen Bevölkerung war im Zuge der Eroberung getötet worden oder in die benachbarten muslimischen Länder geflohen. Eine Veränderung im Verhalten der Franken gegenüber den Muslimen lässt sich in ihrem Vorgehen bei der Eroberung von Sidon (1110) erkennen. War zuvor die Einnahme einer Stadt fast immer mit der Massakrierung der einheimischen (muslimisch-jüdischen) Bevölkerung verbunden,[4] wurden in Sidon die Bauern, die vor den Franken in die Festung geflohen waren, verschont in der Absicht, sie zur Bewirtschaftung des Landes einzusetzen.[5]

Die syrischen Christen - nach den Muslimen die zweitgrößte landwirtschaftlich tätige Gruppe - konnten den Arbeitskräftemangel nicht ausgleichen.[6] Die Pläne einer Besiedlung des Heiligen

---

[2] Vgl. *Joshua Prawer*, Crusader Institutions, Oxford 1980, 102f.

[3] Vgl. ebda, 117.

[4] So geschehen in Jerusalem 1099, in Caesarea 1101 und in Tripolis 1109.

[5] Vgl. *Hans Eberhard Mayer*, Latins, Muslims and Greeks in the Latin Kingdom of Jerusalem, History 63, 1978, 175-192, 180 f.

[6] Vgl. *Prawer*, Institutions, 118.

Landes mit armenischen Christen zerschlugen sich in der Mitte des 12. Jahrhunderts.[7] In welchem Ausmaß sich eine fränkische Agrargesellschaft auf dem Land etablierte, ist umstritten: Joshua Prawers Ansicht, dass die Kreuzfahrergesellschaft eine fast ausschließlich urbane gewesen sei,[8] wurde von Ronnie Ellenblum in seiner detailreichen Untersuchung von über 200 fränkischen Siedlungen verschiedenster Art und Größe in Frage gestellt.[9] Bei der fränkischen Besiedlung des Heiligen Landes habe es sich keineswegs um ein marginales Phänomen gehandelt: „In view of the short period of time during which the Frankish settlers lived in the Orient they can be said to have succeeded remarkably well in establishing extremly well-developed rural settlements [...]."[10] Dem hält Marie-Luise Favreau-Lilie auf Prawer Bezug nehmend entgegen, dass die Einwanderung europäischer Bauern ins Kreuzfahrerkönigreich schon um die Mitte des 12. Jahrhunderts zum Erliegen gekommen sei und den Mangel an Arbeitskraft nie habe ausgleichen können.[11] Die fränkischen Grundherren scheinen somit weitgehend auf die schrumpfende muslimische Bevölkerung zur Bewirtschaftung der eroberten Gebiete angewiesen gewesen zu sein.[12]

Ein anderes Phänomen, das bei Ellenblums Untersuchung zu Tage kam, ist für unseren Kontext vielleicht von größerer Bedeutung: Die Intensität und Dichte fränkischer Besiedlung waren regio-

---

[7] Vgl. ebda, 119.

[8] Vgl. ebda, 102.

[9] *Ronnie Ellenblum*, Frankish Rural Settlement in the Latin Kingdom of Jerusalem, Cambridge 1998.

[10] Ebda, 282.

[11] *Marie-Luise Favreau-Lilie*, „Multikulturelle Gesellschaft" oder „Persecuting Society"? „Franken" und „Einheimische" im Königreich Jerusalem, in: Jerusalem im Hoch- und Spätmittelalter. Konflikte und Konfliktbewältigung – Vorstellungen und Vergegenwärtigungen, Dieter Bauer – Klaus Herbers – Nikolas Jaspert (hrsg.), Frankfurt am Main – New York 2001, 55-95, 88.

[12] Vgl. *Prawer*, Institutions, 117; ebenso *Mayer*, Latins, 181.

nal äußerst unterschiedlich. Offenbar ließen sich die fränkischen
Siedler vornehmlich dort nieder, wo bereits einheimische, also
meist syrische Christen siedelten, und mieden hingegen Gebiete
mit muslimischer bzw. jüdisch-muslimischer Bevölkerungsmehrheit.[13]

## I.2 Livland

Die „Aufsegelung", also die Eroberung von See her,[14] begann in
Livland[15] in der zweiten Hälfte des 12. Jahrhunderts zunächst durch
deutsche Fernhändler.[16] Später folgten dann einzelne deutsche Missionare.[17] Die heidnischen Anwohner der baltischen Ostsee stellten
begehrte Handelspartner dar. Ebenso fungierte die Region auch als
Durchgangsgebiet zum Handel mit der Kiever Rus', jedoch waren
einzelne Handelsniederlassungen inmitten heidnischer Umgebung

---

[13] Vgl. *Ellenblum*, Settlement, 282 f.

[14] Vgl. *Reinhard Schneider*, Riga im Mittelalter. Eine Kaufmannsstadt im
Schnittpunkt verschiedener Kulturen, in: Grenzkultur - Mischkultur?, Roland Marti (hrsg.), (Veröffentlichungen der Kommission für Saarländische
Landesgeschichte und Volksforschung, Bd. 35) Saarbrücken 2000, 189-207,
192.

[15] Den Namen erhielt Livland von den Ende des 12. Jahrhunderts ankom-
menden Deutschen nach dem zuerst getauften Volk, den Liven. Vgl. *Heinz
von zur Mühlen*, Livland von der Christianisierung bis zum Ende seiner Selbst-
ständigkeit (etwa 1180-1561), in: Baltische Länder. Deutsche Geschichte im
Osten Europas, Gert von Pistohlkors (hrsg.), Berlin 1994, 25-173, 28. Er bezeichnete das heutige Territorium von Estland und Lettland. Vgl. *Alexander
Schmidt*, Geschichte des Baltikums. Von den alten Göttern bis zur Gegenwart,
München 1992, 54.

[16] Vgl. *Carola L. Gottzmann*, Verheißung und Verzweiflung im Osten. Die
Siedlungsgeschichte der Deutschen im Spiegel der Dichtung, Hildesheim -
Zürich - New York 1998, 315.

[17] Vgl. *Norbert Angermann*, „Livland", in: LexMA 5, 1991, 2045-2048, 2046;
ebenso *Schmidt*, Geschichte, 49.

nicht sicher.[18] In Livland berührten sich das Interesse der Kaufleute an Handel und Niederlassung mit dem Auftrag der Kirche, das
Christentum zu verbreiten. So trat die Heidenmission neben dem
Fernhandel als zweites Motiv in Erscheinung[19] und spielte eine
zentrale Rolle bei der Eroberung und Erschließung des Territoriums.

1201 wurde Riga als gut befestigter strategischer Stützpunkt
gegründet und diente als Ausgangspunkt für die nun beginnende
konsequente Eroberung des Siedlungsgebietes der Esten, der Letten und Liven und damit deren Unterwerfung unter deutsche Herrschaft.[20]

Die Akteure der Unterwerfungs- und Bekehrungskämpfe waren Kreuzfahrer und Ritterorden, zunächst der Schwertbruderorden, den der Deutsche Orden 1237 inkorporierte.[21] Wegen dieser
gewaltsamen Mission in Livland wird auch von der „Schwertmis-
sion" gesprochen.[22] In der „Eroberungs-" oder „Kolonialliteratur"
werden die Ritter und die deutschen Kaufleute immer als „die cristen" bezeichnet, die sich gegen „die heiden" behaupten müssen, um
das Christentum und die Verehrung Christi weiter zu verbreiten.[23]

Die eroberten Gebiete Livlands wurden 1207 unter den beiden deutschen Teilgewalten, dem Schwertbruderorden und dem Bischof von Livland, aufgeteilt.[24] Dabei wurde dem Orden ein Drit-

---

[18] Vgl. *v. z. Mühlen*, Livland, 30.

[19] Vgl. ebda.

[20] Vgl. ebda, 101; ebenso *Schmidt*, Geschichte, 49.

[21] Vgl. *Gottzmann*, Verheißung, 315; *Schneider*, Riga, 205.

[22] Vgl. *Schneider*, Riga, 192.

[23] Vgl. *Robert Bartlett*, Die Geburt Europas aus dem Geist der Gewalt. Eroberung, Kolonisierung und kultureller Wandel von 950 bis 1350, München
1996, 126f.

[24] Vgl. ebda, 321; sowie *Gottzmann*, Verheißung, 315; *v. z. Mühlen*, Livland,
43.

tel des Landes „mit allem Recht und aller Herrschaft" überlassen,[25] woraus der erste Ordensstaat der Geschichte entstand.[26] Diese Teilungsformel – zwei Drittel für den Bischof und ein Drittel für den Orden – wurde 1210 in der „Teilungsurkunde über Liv- und Lettland" bestätigt.[27] Zudem stand Kreuzfahrern ab 1201 die Möglichkeit zur Verfügung, ein Lehen im Land zu erwerben.[28]

Es kam in Livland nicht zu einer größeren Ansiedlung deutscher Bauern,[29] obwohl der Deutsche Orden dies beispielsweise 1261 zu erreichen versuchte.[30] Da eine Siedlungsbewegung ausblieb, bedienten sich die deutschen Grundherren – nach Befriedung der einheimischen Völker – der eingesessenen Bauern als Arbeitskräfte.[31] Das Fehlen einer deutschen bäuerlichen Kolonisation erklärt sich zum einen dadurch, dass eine gesicherte Landverbindung durch Litauen fehlte und zum anderen dadurch, dass es eine zentrale planmäßige Organisation nicht gab. Anders als in den Ländern der Ostkolonisation, wo dies auf Initiative der Fürsten und Bischöfe mittels Lokatoren geschah, herrschte hier eine

---

[25] Vgl. *v. z. Mühlen*, Livland, 43.

[26] ²Vgl. *Bartlett*, Geburt, 321.

[27] Vgl. *Schmidt*, Geschichte, 54.

[28] Vgl. *v. z. Mühlen*, Livland, 40; ebenso *Angermann*, „Livland", 2046.

[29] Vgl. *Gottzmann*, Verheißung, 325f.; *v. z. Mühlen*, Livland, 123; *Paul Johansen - Heinz von zur Mühlen*, Deutsch und Undeutsch im mittelalterlichen und frühneuzeitlichen Reval (Ostmitteleuropa in Vergangenheit und Gegenwart, Bd. 15), Köln 1973, 19; *Charles Higounet*, Die deutsche Ostsiedlung im Mittelalter, Berlin 1986, 220.

[30] Vgl. Urkunde Nr. 150, in: Urkunden und erzählende Quellen zur deutschen Ostsiedlung im Mittelalter. Teil 1: Mittel- und Norddeutschland, Ostseeküste, Herbert Helbig - Lorenz Weinrich (hrsg.), (Freiherr von Stein-Gedächtnisausgabe, Bd. 26a) Berlin 1962, 545ff. Der Vizemeister des Deutschen Ordens teilt den Lübeckern hierin die Bedingungen mit, unter denen Ritter, Bürger und Bauern Land zur Besiedlung erhalten sollen.

[31] Vgl. *Schmidt*, Geschichte, 81ff.; *Gottzmann*, Verheißung, 316; *Johansen - v. z. Mühlen*, Deutsch, 19.

territoriale und ständische Zersplitterung, die ein solches planmä-
ßiges Siedlungswerk verhinderten.[32] Ein weiterer Hinderungsgrund
ist schlicht die große Entfernung zu den Herkunftsregionen[33] sowie die politische und militärische Unsicherheit. Deshalb erreichte
die deutschrechtliche Dorfverfassung, die mit der mittelalterlichen
Ostsiedlung bis weit nach Polen hinein vordrang, Livland nicht.[34]

Die zugewanderten deutschen Geistlichen, Ritter und Kaufleute stellten in den zum Teil neu gegründeten Städten[35] die Oberschicht,[36] die sich über Jahrhunderte hindurch behauptete. Gleiches
ging auf dem Land vonstatten, wo sich eine Schicht aus fast ausschließlich deutschen Grundherren etablierte.[37]

## II. Verhältnis zwischen Eroberern und Einheimischen

### II.1 Kreuzfahrerstaaten

#### II.1.1 Das Verhältnis von Franken und Einheimischen auf dem Land

Unter den Bauern dominierten Muslime, gefolgt von syrischen
Christen, fränkischen Kolonisten und Juden.[38] Entgegen der Be-
hauptung von Hans Eberhard Mayer, dass die Angehörigen der
verschiedenen Religionsgemeinschaften strikt getrennt lebten und
somit die Dörfer entweder von Muslimen, syrischen Christen oder

---

[32] Vgl. *Gottzmann*, Verheißung, 316.
[33] Vgl. *Johansen - v. z. Mühlen*, Deutsch, 19.
[34] Vgl. *v. z. Mühlen*, Livland, 123.
[35] 1201 Riga, 1230 Reval, Dorpat u.a.
[36] Vgl. *Johansen - v. z. Mühlen*, Deutsch, 123ff.
[37] Vgl. *Schmidt*, Geschichte, 81 ff.; *Johansen - v. z. Mühlen*, Deutsch, 19.
[38] Vgl. *Favreau-Lilie*, Gesellschaft, 65.

Franken bewohnt wurden,[39] konnte Ellenblum – wie oben schon angedeutet – zahlreiche Siedlungen nachweisen, in denen Franken und einheimische Christen gemeinsam lebten.[40] Es gab also mannigfaltige Kontakte unter den Christen. Gemischte Siedlungen mit muslimisch – christlicher Einwohnerschaft gab es jedoch wegen des oben erörterten Siedlungsmusters der Franken nicht.

Muslimische Bauern waren an die Scholle gebunden und wurden zum beweglichen Eigentum ihres Grundherrn gezählt, nicht wenige von ihnen waren Sklaven.[41] Auch steuerlich waren die Muslime benachteiligt. Das Steuergesetz von 1183 belastete zwar die gesamte nicht-fränkische Bevölkerung mehr als die Franken,[42] doch wurden die Muslime besonders hoch besteuert.[43]

Trotz der Diskriminierung und Unterdrückung der Muslime durch ihre fränkischen Herren kam es äußerst selten zu offenen Aufständen.[44] Andere Formen des Widerstands waren hingegen weiter verbreitet wie etwa die Fluchthilfe für gefangene oder versklavte Glaubensgenossen.[45] Die bäuerliche Landflucht wurde zu einem erheblichen Problem für die fränkischen Grundherren und sie bedurfte schon in der ersten Hälfte des 12. Jahrhunderts der gesetzlichen Regelung. In einer Assise wurde detailliert das Verfahren zur Verfolgung und Rückführung flüchtiger Höriger festgelegt.[46] Zudem sind Auslieferungsverträge zwischen benachbarten

---

[39] Vgl. *Mayer*, Latins, 184; ebenso *Favreau-Lilie*, Gesellschaft, 65: „Es gab keine Mischsiedlungen: die Angehörigen der verschiedenen Glaubensgemeinschaften lebten getrennt jeweils für sich in ihren eigenen Dörfern".

[40] Vgl. *Ellenblum*, Settlement, 119–144.

[41] Vgl. *Mayer*, Latins, 187; *Favreau-Lilie*, Gesellschaft, 67f.

[42] Vgl. *Mayer*, Latins, 177ff.

[43] Vgl. ebda, 183.

[44] 1113 um Nablus und 1144 in Wadi Musa, vgl. ebda.

[45] Vgl. *Favreau-Lilie*, Gesellschaft, 66.

[46] Vgl. ebda, 68f.

Grundherren, besonders der geistlichen Ritterorden, überliefert.[47] Der spektakulärste bekannte Fall von Landflucht ereignete sich 1156/57 in der Gegend um Nablus, wo in einer konzertierten Aktion die Bewohner mehrerer Dörfer nach Damaskus flohen.[48] Obwohl die Herrschaft ihres Grundherren auch ansonsten ungewöhnlich hart und bedrückend war, scheinen für diese Massenflucht religiöse Motive ausschlaggebend gewesen zu sein. Der Versuch Balduins von Ibelin, den muslimischen Bauern den heiligen, arbeitsfreien Freitag zu nehmen sowie die drohende Verhaftung eines Predigers, haben offensichtlich das Regiment dieses Grundherren unerträglich werden lassen.[49]

## II.1.2 Das Verhältnis von Franken und Einheimischen in den Städten

Auch das Zusammenleben von Franken und Muslimen in den Städten der Kreuzfahrerstaaten hat sich nicht auf eine Annäherung, geschweige denn eine Assimilation hin entwickelt. Vielmehr wurden hier die Elemente, die beide Gruppen trennten, noch bewusst verstärkt. Am sichtbarsten schlug sich dies in dem Erlass von Kleidervorschriften für Muslime auf dem Konzil von Nablus (1120) nieder. Den Muslimen wurde dadurch als einziger Bevölkerungsgruppe das Tragen der fränkischen Tracht ausdrücklich untersagt.[50] Auch räumlich lebten Muslime und Christen weitgehend separiert.[51] Die städtischen Märkte bildeten somit die wichtigste Stät-

---

[47] Vgl. ebda, 69.

[48] Vgl. ebda, 71f.; *Mayer*, Latins, 184 f.

[49] Vgl. *Mayer*, Latins, 184.

[50] Vgl. *Favreau-Lilie*, Gesellschaft, 73.

[51] Vgl. ebda, 74; Muslimen war es nach der Eroberung von Jerusalem „auf ewig" verboten, sich in der Stadt niederzulassen, vgl. *Prawer*, Institutions, 90.

te der Begegnung zwischen Franken und Muslimen. Doch auch
hier wurden Unterschiede gemacht, denn der gesamten nicht-frän-
kischen Bevölkerung war der Zugang zu den Märkten der italienischen Seehandelsstädte verwehrt, so dass sie ausnahmslos vom
Außenhandel des Königreichs mit Europa ausgeschlossen war.[52]
Für Rechtsstreitigkeiten auf den Märkten waren eigene Marktge-
richte zuständig, deren Verfahrensregeln offenbar niemanden, auch
nicht die Nichtchristen, benachteiligten. So mussten etwa einge-
brachte Zeugen nicht unbedingt Christen sein und es gab auch keine speziellen Eidesformeln für Nichtchristen wie den „Judeneid"
im Königreich Aragon.[53]

## II.1.3 Mission

Den Muslimen waren in den Kreuzfahrerreichen weder Moscheen
noch öffentliche Gottesdienste erlaubt. Allein das private Gebet war
ihnen gestattet.[54] Die lateinische Kirche hat während des gesamten
12. Jahrhunderts kein Interesse an der Bekehrung der nichtchristlichen Bevölkerung entwickelt.[55] Die Konversion war allerdings eine
notwendige Voraussetzung für die Eheschließung zwischen Muslimen und katholischen Christen.[56] Solche Ehen waren jedoch die
Ausnahme.[57] Bei den von Fulcher von Chartres erwähnten Ehen
zwischen Franken und Orientalinnen, die zur Assimilation der
Europäer und zur Entstehung einer neuen Identität beigetragen

---

[52] Vgl. *Favreau-Lilie*, Gesellschaft, 77.

[53] Vgl. ebda, 78; siehe auch *Mayer*, Latins, 185.

[54] Vgl. *Mayer*, Latins, 186.

[55] Vgl. *Favreau-Lilie*, Gesellschaft, 86.

[56] Vgl. ebda.

[57] Vgl. *Philip Khuri Hitti*, The Impact of the Crusades on Moslem Lands, in:
A History of the Crusades, Bd. 5: The Impact of the Crusades on the Near
East, Madison – Wisconsin 1985, 33–58, 49.

hätten,[58] handelte es sich wohl vornehmlich um Ehen zwischen Franken und syrischen Christinnen oder Armenierinnen.[59] Solche Ehen scheinen tatsächlich ziemlich häufig gewesen zu sein. Eheschließungen zwischen fränkischen Christen und östlichen Christinnen waren in allen Schichten der Gesellschaft verbreitet. Am bekanntesten sind dabei sicherlich die Beispiele von Balduin I. und Balduin II.[60] Allerdings wurden die Ansätze einer Integration der fränkischen Führungsschicht immer wieder auf ihren Ausgangspunkt zurückgeworfen, da die zahlreichen einheiratenden Könige stets eigene, von den Bewohnern als fremd angesehene Personen und Ideen mitbrachten.[61]

Zu einer Verstärkung der missionarischen Aktivitäten kam es erst unter Bischof Jakob von Akkon seit 1216 und insbesondere seit der Mission der Bettelorden, die wenig später einsetzte.[62] Dies führte jedoch bald zu Konflikten zwischen den Führungsgruppen der Kreuzfahrerstaaten auf der einen und den Missionaren sowie Papst Gregor IX. auf der anderen Seite. Der Widerstand der fränkischen Grundherren wurde vor allem aus der Angst vor einem weiteren Verlust an Arbeitskräften gespeist, da sie befürchten mussten, ihre Hörigen und insbesondere ihre Sklaven mit der Taufe frei lassen zu müssen.[63] In einem Mahnschreiben aus dem Jahre 1237 setzte Gregor IX. zwar fest, dass die Taufe nicht zwangsläu-

---

[58] *Fulcher von Chartres*, Historia Hierosolymitana III 37, 3 f., H. Hagenmeyer (hrsg.), Heidelberg 1913, 748.

[59] Vgl. *Favreau-Lilie*, Gesellschaft, 86.

[60] Vgl. *Rudolf Hiestand*, „Nam qui fuimus Occidentales, nunc facti sumus Orientales." Siedlung und Siedleridentität in den Kreuzfahrerstaaten, in: Siedler - Identität. Neun Fallstudien von der Antike bis zur Gegenwart, Christof Dipper - Rudolf Hiestand (hrsg.), Frankfurt am Main 1995, 61-80, 68; *Ellenblum*, Settlement, 284.

[61] Vgl. *Hiestand*, Siedlung, 72.

[62] Vgl. *Favreau-Lilie*, Gesellschaft, 87.

[63] Vgl. ebda, 88; zur Sklaverei in den Kreuzfahrerreichen vgl. ebda, 80ff.

fig zur Freilassung führen sollte.[64] Doch dadurch konnte der Konflikt nicht entschärft werden. Noch im Jahre 1262 behielt sich der Meister des Johanniterordens ausdrücklich die letzte Entscheidungsgewalt über alle Taufbegehren muslimischer Höriger des Ordens vor.[65] „Die volle Gleichstellung der Muslime mit den Christen, die vollkommene Integration der Sarazenen in die Societas Christiana war für die landbesitzende fränkische Oberschicht [...] so lange inakzeptabel, wie sie darin eine Gefährdung ihrer eigenen ökonomischen Interessen erblickte."[66]

## II.2 Livland

### II.2.1. Das Verhältnis von Deutschen und „Undeutschen" in den Städten

Der permanente Bedarf an Arbeitskräften eröffnete den Einheimischen vom Lande den Eintritt in die Städte. Denn auch in Livland galt zu Beginn der Grundsatz: „Stadtluft macht frei in Jahr und Tag". Dies trieb viele Bauern vor der drückenden Fron und Schuldenlast in die Städte.[67] So konnten Einheimische zum Teil nach kurzer Zeit das Bürgerrecht erlangen.[68] Zunächst kann man sowohl in Reval[69] als auch in Riga[70] von einer ethnischen Vielfalt der Stadtbevölkerung sprechen. Es wurde zwischen Deutschen und „Undeutschen" unterschieden. „Undeutsch" ist ein Terminus der Zeit und er bezeichnete die finnougrischen Esten und Liven sowie

---

[64] Vgl. ebda, 89.

[65] Vgl. ebda, 90.

[66] Ebda, 93.

[67] Vgl. *Heinz von zur Mühlen*, „Livland", in: LexMA, 5,1991, 2049-2051, 2051.

[68] In Reval z.B. *musste* ab 1282 nach dreimonatigem Aufenthalt das Bürgerrecht von jedermann erworben werden. Vgl. *Johansen - v. z. Mühlen*, Deutsch, 211.

[69] Vgl. ebda.

[70] Vgl. *Schneider*, Riga, 192.

die baltischen Letten. Selten wurden Finnen und Litauer als „undeutsch" bezeichnet, Russen, Schweden und Dänen hingegen nie.[71] Die damit verbundene sprachliche Vielfalt erforderte Mittler. Im Handel dominierten Dolmetscher, im städtischen Alltag verwendete man meist eine Mischung aus Deutsch und „Undeutsch",[72] woraus sich eine Art „Kaufmanns-Pidgin"[73] entwickelte.

Auch rechtlich wurde differenziert. So unterschieden das Rigaer Stadtrecht (1284)[74] sowie die „Aelteste Bursprake des Rigischen Rathes" (1376)[75] wiederholt Deutsche und „Undeutsche". Trotz dieser Differenzierung genossen die „Undeutschen" anfangs eine relative rechtliche Gleichstellung,[76] verloren diese jedoch zum Ende des 14. Jahrhunderts zusehends, in Reval zum Beispiel nach dem Estenaufstand von 1343.[77] Bemerkenswert ist auch, dass seit Mitte des 15. Jahrhunderts „Undeutsche" härter bestraft werden als ihre deutschen Mitmenschen.[78] Formell zumindest blieben „Undeut-

---

[71] Vgl. ebda; *Johansen - v. z. Mühlen*, Deutsch, 19.

[72] Vgl. *Schneider*, Riga, 193; *Johansen - v. z. Mühlen*, Deutsch, 379.

[73] *Schneider*, Riga, 206.

[74] Z. B. Artikel 43, zitiert bei *Schneider*, Riga, 193: *[...] wedder Dutsche noch Undutsche knechte.*

[75] Z. B. Artikel 20, zitiert ebda, der allen Verkauf *[...] mit Dutschen und Undutschen* bei Strafe verbot.

[76] So endete im ältesten Rigischen Stadtrecht für Estlands Städte von 1225 der Prolog mit der Aussage: *Volumus enim, ut, sicut in Riga unum ius habent peregrini cum urbanis et urbani cum peregrinis, sic et nos habeamus.* [Wir wollen, dass wie in Riga (in diesen Städten) die Fremden mit den Städtern und die Städter mit den Fremden ein (einziges) Recht haben.] Zitiert nach *Schneider*, Riga, 194. Schneider schlussfolgert, dass *peregrini* hier als „Fremde" zu verstehen seien und nicht Pilger oder Kreuzfahrer gemeint sind.

[77] Vgl. *Johansen/v. z. Mühlen*, Deutsch, 22; *v. z. Mühlen*, „Livland", 2050.

[78] Zu sehen in Artikel 3 der Allgemeinen Landesordnung von 1422, siehe Akten und Recesse der Livländischen Landestage. Bd. 1: 1304-1460, Oskar Stavenhagen (hrsg.), Riga 1907, Nr. 299, 262: *[...] by vorlust des kopes den Undutschen vorboden, und den Dutschen by dem banne.*

sche" bis ins 17. Jahrhundert hinein nicht vom Bürgerrecht ausgeschlossen, aber ihnen wurde mancherorts der Erwerb erschwert.[79]
Außerdem gab es in rechtlicher Hinsicht noch weitere Diskriminie-
rungen: So wurde etwa von „Undeutschen" ein höheres Bürgergeld
verlangt als von Deutschen.[80]

Diese Veränderung bezüglich des Rechtsstatus ist auch in
der Wirtschaft zu beobachten. Zwar wurde den Einheimischen
1201 verboten, ihren benachbarten Hafen weiter zu benutzen,[81] da
durch ihn der neu gegründeten Stadt Riga Konkurrenz hätte entstehen können.[82] Außerdem wurde die allgemeine Handelsfreiheit
zunächst nur deutschen Kaufleuten gewährt.[83] Dennoch konnten
„Undeutsche" bis ins 14. Jahrhundert hinein grundsätzlich auch
Fernhandel treiben. Doch aus Mangel an Kapital und Erfahrung -
gerade in Konkurrenz zu den deutschen Kaufleuten - konnten sie
nur begrenzt daran teilnehmen und sich nicht durchsetzen.[84] Sie
übernahmen hingegen eine bedeutende Rolle im örtlichen Kleinhandel sowie im Handwerk und sonstigen Gewerbe.[85]

Seit der Mitte des 14. Jahrhunderts begann das Verhältnis zwischen den Nationalitäten in den livländischen Städten sich zu wan-
deln.[86] Die „Undeutschen" unterlagen zunehmend Ausgrenzungen.
Man schloss sie in Riga 1354 ganz vom Handel aus, entzog ihnen
1399 das Braurecht und verbot ihnen jeglichen Zwischenhandel,
seit der Mitte des 15. Jahrhunderts auch den Kleinhandel.[87] Ähn-

---

[79] Vgl. *v. z. Mühlen*, Livland, 111; *Johansen - v. z. Mühlen*, Deutsch, 22.

[80] Vgl. *Johansen - v. z. Mühlen*, Deutsch, 23.

[81] Vgl. *v. z. Mühlen*, Livland, 39.

[82] Vgl. *Schmidt*, Geschichte, 58.

[83] Vgl. *Angermann*, „Livland", 2048.

[84] Vgl. ebda; *Johansen - v. z. Mühlen*, Deutsch, 21.

[85] Vgl. *Angermann*, „Livland", 2048.

[86] Vgl. *Johansen - v. z. Mühlen*, Deutsch, 22.

[87] Vgl. *v. z. Mühlen*, Livland, 110; *Ders.*, „Livland", 2050.

liches ist auch in den anderen Städten Livlands zu beobachten. So wurden „Undeutsche" nicht mehr zu Gildenversammlungen zugelassen. Außerdem wurden deutschen Gildenmitgliedern Ehen mit „Undeutschen" untersagt. Ebenso wurden Beschränkungen und Verbote im Handwerk erlassen. Zunftordnungen schlossen seit 1375 explizit „Undeutsche" aus und auch hier wurde Mitgliedern teilweise die Ehe mit ihnen verboten.[88] Der Politik der Ausschließung von „Undeutschen" aus dem Handwerk traten im 16. Jahrhundert die Stadträte entgegen, die den Eintritt in die Zünfte erleichtern wollten,[89] was jedoch nur bedingt gelang. Es existierten zwar auch „gemischte" sowie nicht zunftmäßige Handwerksbetriebe, die den „Undeutschen" offen standen, jedoch standen die Unzünftigen standesmäßig unter den zünftigen Handwerkern. Ihnen gelang es allmählich zum Handwerk emporzusteigen und „deutsche" Berufe zu ergreifen.[90] Hier bot sich also manchmal eine Möglichkeit zum sozialen Aufstieg.

Es ist dennoch festzustellen, dass ständische Schranken sozialen Aufstieg zunehmend erschwerten und je geschlossener das System der Ämter und Zünfte wurde, desto schärfer wurde die Trennung zwischen den sozialen Schichten und damit zwischen Deutschen und „Undeutschen".

Es existierte eine ethnisch-soziale Segregation, die nach der Eroberung Livlands ihren Anfang nahm. Noch im 16. Jahrhundert bestand die Oberschicht zu beinahe 100% aus Deutschen und die Mittelschicht zu etwa 60%, wohingegen sich die Unterschicht fast ausschließlich aus „Undeutschen" rekrutierte. Diese soziale Ungleichheit zwischen Deutschen und „Undeutschen" wird deutlich bei der Betrachtung der Einwohnerschaft Revals im Jahre 1538: Die Oberschicht aus wohlhabenden Kaufleuten, Adligen und Geistli-

---

[88] Vgl. *Johansen - v. z. Mühlen*, Deutsch, 23 f.

[89] Vgl. ebda, 24ff.

[90] Vgl. ebda, 25f.

chen bestand ausschließlich aus Deutschen.[91] In der Mittelschicht waren v.a. zünftige, also deutsche, Handwerker vertreten. Die Unterschicht aus Mitgliedern des niederen Handwerks[92] und dem „dienenden Stand" (Hausknechte, Fuhrleute, Diener etc.) bestand dagegen zu 73% aus Esten, zu 25% aus Schweden und nur zu 2 % aus Deutschen.[93]

Obwohl „Undeutsche" als Hausbedienstete häufig in den Hausgemeinschaften der deutschen Familien lebten, kam es hier aufgrund des patriarchalischen Charakters dieser Gemeinschaften und der sozialen Ungleichheit zu keiner Assimilierung. Auch soziale Aufsteiger blieben unter den „Undeutschen" – wie unter den Deutschen soziale Absteiger – eine Seltenheit, insbesondere seit dem 14. Jahrhundert, wo es das soziale Gefälle fast unmöglich für „Undeutsche" machte, in deutsche Gesellschaftsschichten Eingang zu finden.[94]

### II.2.2. Das Verhältnis von Deutschen und „Undeutschen" auf dem Land

Als Beginn des Vasallenstandes Alt-Livlands gilt die Belehnung zweier Kreuzfahrer durch den Bischof Albert von Buxhövden im Jahre 1201.[95] Bald darauf entschlossen sich weitere Kreuzfahrer, ein Lehen anzunehmen und im Land zu bleiben.[96] Als im letzten Drittel des 13. Jahrhunderts die Lebensverhältnisse auf dem Land si-

---

[91] Vgl. ebda, 115–124.

[92] Vgl. ebda, 26 sowie 116f.

[93] Vgl. ebda, 27 sowie 124f.

[94] Vgl. ebda, 431. Sozialer Aufstieg und Assimilierung von Esten und Letten konnten nach der Reformation durch Schulbildung oder durch gehobene Dienststellung bei begüterten Bürgern angebahnt werden, vgl. ebda 432.

[95] Vgl. *Angermann*, „Livland", 2046.

[96] Vgl. *v. z. Mühlen*, Livland, 40; *Higounet*, Ostsiedlung, 221.

cherer wurden, zogen die Vasallen mit ihren Familien in die Nähe der Dörfer, die ihnen zugewiesen worden waren, und errichteten dort teilweise Vasallenburgen. Für den Adel bedeutete der sehr komplexe Vorgang der Entstehung der Gutsherrschaft wachsenden Wohlstand, der aber zu sozialen Spannungen zwischen Gutsherren und Bauern führte.[97] Im Laufe des 13. Jahrhunderts schlossen sich die Vasallen zu korporativen Gemeinschaften zusammen, den Ritterschaften. Diese verstanden es, unter den verschiedenen Herrschaftsverhältnissen ihre Position zu halten und zu einer einflussreichen politischen Kraft zu werden.[98] Ihre Privilegien wurden 1561 vom Jagiellonen-König Sigismund II. August im „Privilegium Sigismundi Augusti" bestätigt.[99] Somit konnte die deutsche Oberschicht in Livland, Städter und Landadel, auch nach Auflösung des Ordensstaates ihre privilegierte Stellung beibehalten.

Jedoch spitzten sich die Beziehungen der deutschen Vasallen zu der undeutschen Bauernschaft allmählich zu. So waren der Estenaufstand von 1343 oder die Bauernunruhen von 1560 auch Resultate sozialer Unterdrückung. Die Lage der Bauernbevölkerung erreichte im 16. Jahrhundert ihren Tiefstand. Die Bauern mussten für die Nutzung des Bodens dem deutschen Grundherren Abgaben und – willkürlich festgelegte – Dienste leisten und waren der Gerichtsbarkeit des Gutsherren unterstellt.[100] Sie fungierten quasi als unentgeltliche Arbeitskräfte und um diese permanent zur Verfügung zu haben, wurde seit dem 15. Jahrhundert schrittweise die

---

[97] Vgl. *v. z. Mühlen*, Livland, 114.

[98] Vgl. ebda, 119.

[99] Diese Privilegien umfassten die Beibehaltung des evangelisch-lutherischen Gottesdienstes und des deutschen Rechts. Würden und Ämter sollten nur mit „besitzlichen" Einheimischen, also im Lande ansässigen Deutschen, besetzt werden. Außerdem behielten die Grundherren die hohe Gerichtsbarkeit über ihre Bauern, die weiterhin schollenpflichtig blieben. Vgl. *Schmidt*, Geschichte, 91.

[100] Vgl. ebda, 82 f.

persönliche Freiheit der Bauern in Erbuntertänigkeit umgewandelt und die „Schollenpflicht" eingeführt.[101] Dies wiederum erschwerte die Einwanderung in die Städte. Am Ende des 15. Jahrhunderts folgte der Verlust des Rechts, Waffen zu besitzen und die Aufhebung der Heeresfolge, die in verschiedene neue Abgaben umgewandelt wurde.[102] Aus dem 16. Jahrhundert sind auch Urkunden erhalten, die den Kauf und Verkauf von Bauern bezeugen.[103] Zwar entwickelte sich Leibeigenschaft in vielen Ländern Europas, jedoch ist das Spezifische in Livland, dass die Trennung entlang der Volkszugehörigkeit verlief: „Der Herr war Deutscher, der Leibeigene nicht, er war, wie man sagte, ‚Undeutscher', d.h. Este oder Lette."[104] Natürlich gab es auch Ausnahmen, so z. B. Bauern, die noch im 15. und 16. Jahrhundert über Grundbesitz verfügten und im Kriegsfalle berittene Verbände stellten. Doch auch ihnen gelang es trotz wachsenden Wohlstands Anfang des 16. Jahrhunderts nicht, aus dem Zustand der Unfreiheit herauszutreten.[105]

Obgleich eine deutsche Siedlerbewegung mit deutschrechtlicher Dorfverfassung ausblieb, nimmt Heinz von zur Mühlen an, dass es zu Kontakten und Wissensvermittlung zwischen Deutschen und den einheimischen Bauern gekommen ist. So profitierten die Bauern von technischen Innovationen der Deutschen wie der Einführung der Wind- und Wassermühle, der Verbreitung Dreifelderwirtschaft, des Mauerbaus mit Mörtel etc.[106]

---

[101] Vgl. ebda, 82; *v. z. Mühlen*, Livland, 125.

[102] Vgl. *v. z. Mühlen*, Livland, 126.

[103] Vgl. *Schmidt*, Geschichte, 82.

[104] Ebda, 83; siehe auch *Johansen - v. z. Mühlen*, Deutsch, 19.

[105] Vgl. *Schmidt*, Geschichte, 83; *v. z. Mühlen*, Livland, 125.

[106] Vgl. *v. z. Mühlen*, Livland, 124.

## II.2.3. Mission

Um das Jahr 1180 fingen in der Region die „friedlichen" Missionare an, die Liven zu bekehren.[107] Dass der Missionserfolg äußerst gering war, zeigen Abfälle vom Glauben und Gewaltanwendung gegen die fremden Christianisierer.[108] Deshalb wurde 1198 der erste Kreuzzug unternommen, der einen neuen Abschnitt der Missionierung Livlands einläutete, aber letztendlich ebenfalls erfolglos blieb. Nach dem Abzug der Kreuzfahrer fielen die Neugetauften erneut vom Glauben ab.[109] So nahmen beispielsweise die Liven 1198 kollektiv ein Bad in der Düna, um sich auf diese Weise die Taufe abzuwaschen.[110] Ein weiterer Grund war wahrscheinlich der Tod des Missionars und ersten Bischofs von Livland (1196), der zumindest persönlich von den Liven anerkannt und geachtet wurde ganz im Gegensatz zu seinem Nachfolger. So scheint es, als wären anfängliche Missionserfolge stark an die jeweilige Person des Missionars gebunden, so dass ein Wechsel der Person, etwa im Fall der Nachfolge, einen Abfall vom christlichen Glauben nach sich ziehen konnte.

1199 setzte eine Kreuzzugsbulle den Livlandkreuzzug dem Kreuzzug ins Heilige Land gleich. Damit wurde den Teilnehmern das gleiche Seelenheil in Aussicht gestellt wie denen, die sich an einem Kreuzzug nach Jerusalem beteiligten. Weiterhin wurde den Kreuzfahrern nicht nur vollkommener Sündenerlass in Aussicht gestellt, sondern auch reiche Beute.[111]

Für eine erfolgreiche Mission sollte eine stabile politische Ordnung unter militärischem Schutz aufgebaut werden. Hierzu

---

[107] Vgl. ebda, 31 f.; *Schmidt*, Geschichte, 50 ff.; *Angermann*, „Livland", 2046.

[108] Vgl. *v. z. Mühlen*, Livland, 32.

[109] Vgl. ebda, 35f.

[110] Vgl. *Schmidt*, Geschichte, 51f.

[111] Vgl. ebda, 52; *Angermann*, „Livland", 2046.

diente die Stiftung des Schwertbrüderordens 1202 („fratres milicie
Christi de Livonia") sowie die Einrichtung eines ortsansässigen Vasallenstandes. Bedeutsam war es auch, dass 1202 das livländische
Bistum, also das ganze noch zu erobernde „Livland", der Jungfrau
Maria geweiht wurde. Da dies vom Papst bestätigt wurde, war Livland kirchenpolitisch auf den gleichen Rang wie das Heilige Land
gehoben und damit - zumindest formell - dem Papst direkt unterstellt.[112]

Die gewaltsamen Raubzüge der Kreuzfahrer und Ordensrit-
ter erzeugten Gegenwehr und Widerstand von Seiten der einheimischen Bevölkerung. Widerstand gegen die Christianisierung hat es
in verschiedenen Ausprägungen gegeben. Zum einen fielen - wie
bereits geschildert - Getaufte wiederholt vom Glauben ab. Zum
anderen organisierten bereits „christianisierte" Völker mehrfach
Aufstände,[113] die aber alle durch stetig neu mobilisierte Kreuzfahrer niedergeschlagen wurden. Der Widerstand war oft gegen christliche Organisationen wie den Ritterorden gerichtet, der die neuen
Untertanen - laut an den Bischof gerichteten Klagen der Liven und
Letten - hart und ungerecht behandele, demütige, beraube und
misshandele.[114] In der Wahrnehmung der Aufständischen war die
Unterdrückung, die von den Deutschen ausging, an das Christentum gekoppelt.[115] Sie waren daher sowohl sozial als auch politisch
motiviert. Zum dritten blieb die Flucht. So verließen 1290 etwa
100.000 „Undeutsche" ihre Heimat in litauisches Gebiet,[116] wo sie
ihre heidnischen Religionen weiter praktizieren konnten und von
wo aus sie weiter gegen den Orden kämpften.

---

[112] Vgl. *Schmidt*, Geschichte, 53; *v. z. Mühlen*, Livland, 39.

[113] U.a. 1217 Aufstand der Liven und Letten, 1217, 1222 und 1343 der Esten.
Dabei wurden sie oft auch von Litauern oder Russen unterstützt.

[114] Vgl. *Schmidt*, Geschichte, 25ff.

[115] Vgl. *v. z. Mühlen*, Livland, 124.

[116] Vgl. *Schmidt*, Geschichte, 60.

Es bleibt die Frage, ob man in der Anfangszeit der Kolonisation überhaupt von Christianisierung sprechen kann. Denn offenbar war lange Zeit die christliche Kultur und die Kirche als Institution nicht akzeptiert. So wird auch noch in der Allgemeinen Landesordnung aus dem Jahre 1422 in Livland die Nichttaufe der Neugeborenen,[117] das Abwaschen der Taufe,[118] oder der Frauenraub,[119] ein „heidnischer" Brauch, mit dem Tode bestraft. Das deutet darauf hin, dass nicht-christliche Praktiken sich noch lange hielten, da sie potentiell noch geahndet werden mussten.

## 3. Assimilation?

Die koloniale Gesellschaft der Kreuzfahrerstaaten war strikt getrennt entlang religiöser Linien mit einer christlich-fränkischen Führungsschicht und einer unterdrückten muslimischen „Unterschicht", die die Bevölkerungsmehrheit stellte und auf deren Arbeitskraft und Steuerleistungen die Franken angewiesen waren.

Auch der livländische Ordens- und Bischofsstaat war ein kolonialer und blieb es auch nach Ende der Ordensherrschaft. Die Trennlinien der Gesellschaft waren jedoch zunehmend keine religiösen mehr, sondern verfestigten sich entlang der Unterscheidung von „Deutsch" und „Undeutsch". Die religiösen Traditionen und Bräuche der Einheimischen wurden im Zuge der Christianisierung immer weiter zurückgedrängt und verfolgt. In sozialer Hinsicht setzte sich die Differenzierung in eine deutsche Oberschicht und

---

[117] Vgl. *Stavenhagen*, Akten, 262, Urkunde 299, Artikel 1: *[...] dat se eer kynder dopen laten na cristliker wiisze [...]*

[118] Ebda: *[...] dat nymand de cristlike dope vornygen edir affwaschen sall, by synem lyve.*

[119] Ebda, 263, Artikel 7: *[...] nymand van Undutschen wiiff edir maget mit gewalt entfuren [...]*

eine „undeutsche" Unterschicht durch. Die deutsche Oberschicht konnte ihre Vorherrschaft bis ins 20. Jahrhundert hinein behaupten,[120] obwohl das Gebiet in späteren Zeiten unter verschiedene Herrschaften fiel (Schweden, Polen-Litauen, Dänemark, Russland).

Anfänge einer kolonialen fränkischen Agrargesellschaft im Heiligen Land durch Ansiedlung fränkischer Bauern blieben regional begrenzt und wurden bald durch die muslimische Wiedereroberung beendet.

In Livland kam es hingegen zu keiner ländlichen Kolonisation mit Bauern aus der Heimatregion der Eroberer. Deshalb griffen die deutschen Grundherren auf einheimische Bauern als Arbeitskräfte zurück und beraubten sie schrittweise um ihre wirtschaftlichen wie auch persönlichen Freiheiten.

Die strikte Teilung der Gesellschaft im Heiligen Land in christliche Eroberer und muslimische Unterworfene wirkte einem „melting pot"-Effekt entgegen. Sprache und Religion blieben die größten Hindernisse für eine kulturelle Annäherung. Die kulturellen und religiösen Traditionen des Islam lebten unter den Muslimen ungebrochen weiter. Die Franken blieben für sie fremde Besatzer. Die Kreuzzüge beendeten sogar eine Phase regen kulturellen Austauschs zwischen Islam und östlicher Christenheit und trugen damit entscheidend zu der tiefen Entfremdung bei, die bis heute das Verhältnis der beiden Weltreligionen bestimmt.[121]

Schwieriger ist das Verhältnis der Franken zu den einheimischen Christen zu beurteilen. Eine Annäherung zwischen den Christen der verschiedenen Glaubensrichtungen war sicherlich stets einfacher als zwischen Franken und Muslimen. Assimilierende Momente wie gemeinsame Siedlungen, gemischte Ehen und Annähe-

---

[120] Vgl. *Gert Pistohlkors*, Die Deutschen in der Geschichte der baltischen Länder Estland und Lettland, in: Baltische Länder, ders. (hrsg.) (Deutsche Geschichte im Osten Europas), Berlin 1994, 13-24, 19.

[121] Vgl. *Hitti*, Impact, 49.

rung im religiösen Bereich[122] trugen zu einer Integration der Eroberer in die lokale christliche Kultur bei.[123] Inwieweit sich jedoch von
einem „Verschmelzungsprozess"[124] sprechen lässt, ist fraglich. So
scheinen Kenntnisse des Arabischen, das ja auch die Muttersprache der Mehrheit der Christen im Heiligen Land war, unter den
Franken eine Seltenheit gewesen zu sein. Somit bestand die Sprach-
barriere nicht nur gegenüber den Muslimen, sondern auch gegenüber dem Großteil der einheimischen Christen fort.[125] Zudem waren
fränkische und orientalische Christen keineswegs gleichberechtigt.
Die Führungspositionen in feudaler und kirchlicher Hierarchie waren fest in fränkischer Hand[126] und auch die syro-christlichen Bauern waren – im Gegensatz zu ihren fränkischen Standesgenossen –
größtenteils an die Scholle gebunden.[127] Somit ergibt sich das Bild
einer syro-fränkischen Gesellschaft, die Ronnie Ellenblum treffend
als „Christian under Frankish hegemony"[128] bezeichnet.

Die in Livland eingewanderten Deutschen und ihre Nachkommen bedienten sich sowohl im privaten als auch im öffent-
lichen Leben weiterhin der deutschen Sprache. Für die Städte kann
man eine sprachliche Dreiteilung annehmen, wobei die Oberschicht und das gehobene Handwerk ein hansisches Niederdeutsch

---

[122] Hierbei ist vor allem die Übernahme von Heiligen zu nennen, die traditionell in der östlichen Kirche verehrt wurden, vgl. *Hiestand*, Siedlung, 69.

[123] Zu erwähnen ist zudem noch die Klima und Boden geschuldete Anpassung in Kleidung und Ernährung. Doch auch diese Veränderungen machten
nur die im Lande sesshaft gewordenen Europäer bzw. ihre Nachkommen mit,
vgl. *Hitti*, Impact, 45; *Favreau-Lilie*, Gesellschaft, 57.

[124] *Hiestand*, Siedlung, 68.

[125] Vgl. *Favreau-Lilie*, Gesellschaft, 61; *Hitti*, Impact, 47.

[126] Vgl. *Ellenblum*, Settlement, 283. In anderen Bereichen wie der Finanzver-
waltung spielten hingegen syrische Christen arabischer Sprache eine bedeutende Rolle, vgl. *Hiestand*, Siedlung, 69.

[127] Vgl. *Ellenblum*, Settlement, 283 f.

[128] Ebda, 285.

sprachen, die „undeutsche" Mittelschicht zumeist ein fragmenta-
risches Niederdeutsch sowie ihre jeweilige Muttersprache und die
Unterschicht ihre „undeutschen" Muttersprachen.[129] In den Städten, wo eine ethnische und sprachliche Vielfalt herrschte, blieben
also Sprachbarrieren erhalten, welche man im Alltag mit Dolmet-
schern oder mit Hilfe einer Art Pidgin zu überbrücken versuchte.
Da das soziale System äußerst undurchlässig war, blieben „undeutsche" Sozialaufsteiger die Ausnahme. Die soziale Segregation wurde noch durch die seit dem 14. Jahrhundert zunehmende Ausgren-
zung der „Undeutschen" verstärkt, was einem Assimilierungspro-
zess entgegen wirkte. Es ist davon auszugehen, dass ein „Undeutscher" nur aufsteigen konnte, wenn er sich aller Anzeichen entle-
digte, die an seine „undeutsche" Herkunft noch erinnerten, wie
Name und Sprache.[130] Auf dem Land etablierte sich die Grund-
herrschaft mit deutschen Grundherren und „undeutschen", an
die Scholle gebundenen Hörigen. Im Unterschied zur Ostsiedlung
wurde den Einheimischen nicht die Möglichkeit gegeben, zu glei-
chem Recht wie die Fremden zu leben, was eine Assimilation ver-
hinderte.

Soziale Disparitäten und Sprachbarrieren machten in Livland
eine Assimilierung in eine Richtung unmöglich. Es kam weder zu
einer „Eindeutschung" noch zu einer „Estonisierung" oder „Let-
tisierung".

Somit zeigt ein Vergleich der beiden Gesellschaften in Hinsicht auf Assimilationsprozesse viele Ähnlichkeiten. In beiden Regionen bildeten Sprache, soziale Ungleichheit und Religion Barri-
eren, die christliche Eroberer und nicht-christliche Einheimische
dauerhaft trennten. Ein grundlegender Unterschied besteht jedoch
darin, dass es in den Kreuzfahrerstaaten - anders als in Livland
- eine einheimische christliche Bevölkerung gab, die eine Assimi-

---

[129] Vgl. *Johansen - v. z. Mühlen*, Deutsch, 376.
[130] Vgl. ebda, 412 f.

lation der fremden Eroberer in Ansätzen ermöglichte. In Livland wiederum nahm die Mission eine zentrale Rolle ein im Gegensatz zu den Kreuzfahrerstaaten, in denen ökonomische Interessen ausschlaggebender waren als missionarische.

# IV.
## Hof als Zentrum der Assimilation und kulturellen Transfers

# Höfisch-ritterliche Kultur des Přemyslidenzeitalters und das Ritterideal

## Jiří Knap (Brno)

*Eodem die rex Bohemiae in quodam tentorio novo, ad modum ecclesiae praeparato et diversis pannis quasi de lateribus tecto, fecit milites quatuor marchiones et quintum ducem Poloniae, praeter alios comites et nobiles nobiliter decoratos; cum quibus exercens ludos militares et diversos actus [...]*[1]

---

[1] Desselben Tages, in einem neuen Zelt, das in kirchenähnlicher Weise zugerichtet war und bedeckt mit verschiedenartigen Tüchern und Ziegeln, hat der böhmische König (Přemysl Ottokar II.) vier Markgrafen zu Rittern gemacht und den polnischen Fürsten als fünften, darüber hinaus noch andere prächtig angekleideten Grafen und Adeligen; er unternahm mit ihnen Ritterspiele und verschiedene andere Spiele. Annales Ottacariani, Josef Emler (hrsg.), in: Fontes Rerum Bohemicarum II, Ders. (hrsg.), Praha 1874, 308-335. Zu diesem Feste vgl. auch *Libor Jan*, Počátky turnajů v českých zemích a jejich rozkvět v době Václava II., in: Listy filologické 128, 2005, 1-19 mit einer dt. Zusammenfassung. Zur Rolle der Literatur auf dem Hofe der Přemysliden vgl. auch die hervorragende Arbeit von *Hans-Joachim Behr*, Literatur als Machtlegitimation. Studien zur Funktion der deutschsprachigen Dichtung am böhmischen Königshof im 13. Jahrhundert, München 1989; auch *Joachim Bumke*, Mäzene im Mittelalter. Die Gönner und Auftraggeber der höfischen Literatur

Diese prächtige Festlichkeiten, von denen der anonyme Autor dieses Teiles der Zweiten Fortsetzung von Cosmas[2] noch mehr zu berichten weiß, fanden während der Hochzeit des Herzogs Bela von Slawonien, Kroatien und Dalmatien mit Kunigunde von Brandenburg im Jahre 1264 bei Pressburg auf dem Felde Vizal am heutzutage österreichischen Ufer der Donau statt. In dieser Beschreibung kommt die höfisch-ritterliche Kultur klar zum Ausdruck. Der böhmische goldene König, *rex aureus*, hat mehrere Adelige zu Rittern geschlagen, was mit großem Aufwand stattgefunden hat. War das aber nur ein leerer Schein, diese Beschreibung der Pracht, der der Chronist die nachfolgende Nachricht von großer Überflutung in Böhmen entgegen gestellt hat? Gewiss nicht, denn die Ritter auf dem Hofe, von deren Taten gesungen wurde und die sich alle zu einem ritterlichen Ideal bekannten, bilden einen festen Bestandteil der mittelalterlichen Kultur.

Unter Ritter, *miles*, kann vieles verstanden werden. Denn auch die Wörter haben ihre Geschichte und ihre Kontexte.[3] In diesem Zusammenhang ist mit dem Ritter ein Glied der vornehmen Gesellschaft gemeint, die sich vom Kaiser bis zum niedrigsten Ade-

---

in Deutschland 1150–1300, München 1979, stellt wiederum ein Standardwerk dar, das sich mit den Verhältnissen in Böhmen in vielen Hinsichten auseinandersetzt. Seine Arbeit ragt vor allem durch die Akribie und durch lückenlose Kenntnisse der ganzen höfischen Überlieferung hervor.

[2] Zu unseren Zwecken bedürfen wir nicht der umfangreicheren Diskussion dieser Quelle. Zu dieser vgl. *Marie Bláhová*, Druhé pokračování Kosmovo, Sborník historický 21, 1974, 5–39.

[3] Zur Entstehung des Rittertums, *militia*, und der ritterlichen Welt vgl. *Josef Fleckenstein*, Rittertum und ritterliche Welt, Berlin 2002. Zahlreiche Aufsätze aus verschiedensten Perspektiven in: Rittertum im Mittelalter, Arno Borst (hrsg.), Darmstadt 1998[3]. Vgl. auch die umfangreiche und unersetzbare Monographie von *Joachim Bumke*, Höfische Kultur. Literatur und Gesellschaft im hohen Mittelalter, München 2002[10]; *Maurice Keen*, Das Rittertum, Düsseldorf – Zürich 1999[2] und *Werner Paravicini*, Die Ritterlich-höfische Kultur des Mittelalters, München 1994.

ligen erstreckt. Diese Gesellschaft hatte ein gemeinsames Bekenntnis und anerkannte Regeln, deren Summe am besten am höfischen Epos abzulesen ist.

Das Rittertum und die damit verbundene Kultur, die auf den Höfen der edlen Gönner gepflegt worden ist, ist ein äußert schwer fassbares Phänomen und mit vielen fachhistorischen Schwierigkeiten verbunden. Nur deswegen kann es aber nicht aus den historischen Arbeiten weggelassen werden. Die Probleme, mit denen wir zu kämpfen haben, gibt es mehrere. Man muss immer die Tatsache berücksichtigen, dass die epischen Werke der Literatur eine sehr komplizierte Geschichte haben und aus mehreren Segmenten zusammengestellt sind. Diese Segmente können aber nicht einfach herauspräpariert werden, denn gerade der Kontext, in den die Geschichten gesetzt werden, ist für uns von großer Wichtigkeit und Aussagekraft.[4] Im Mittelalter hat man gerade durch diese Einkomponierung fremder Elemente in eigene Texte neue selbstständige Inhalte erzeugt und es galt für vornehm, wenn jemand an vielen Stellen seines Werkes die *loci communes* verwendete, auch in dem Fall, wenn er wortwörtlich seine Ungelehrsamkeit betonte.[5] Neben der Textarchäologie müssen wir immer sorgfältig bedenken, welches Genre wir vor uns haben. Man kann nicht dasselbe Vertrauen dem Bericht eines Chronisten als einem Epos schenken. Trotzdem ist es nötig, beide Quellen zur Rate ziehen. Wichtig ist auch die Überlieferung des konkreten Textes, denn gerade die veränderten

---

[4] Als sehr gutes Beispiel der Vielschichtigkeit eines Textes gilt das Nibelungenlied. Zu diesem vgl. *Helmut de Boor*, Die höfische Literatur. Vorbereitung, Blüte, Ausklang 1170–1250, München 1991[11], 149–161.

[5] Zu dem Topos von Ungelehrsamkeit vgl. *Ernst Robert Curtius*, Evropská literatura a latinský středověk, Praha 1998, 95–98. Hier sind viele Beispiele erwähnt. Aus dem Umkreis der höfischen Dichtung ist das Beispiel Wolframs zu nennen, dieser versucht sich durch die Bescheidenheitsformel von der Büchergelehrsamkeit zeitgenössischer Dichter abzugrenzen, zugleich bekennt er sich damit stolz zu seinem Rittertum. Dazu vgl. *de Boor*, Die höfische Literatur, 86.

Inhalte oder Auslassungen in einzelnen Abschriften sind für uns sehr interessante Indikatoren einer Änderung.[6]

Böhmen, ein Land im Herze Europas, ist, wie schon Cosmas bemerkt,[7] mit Gebirgen umgeben, diese Gebirgsketten bedeuten aber lange noch nicht, dass sich Böhmen isoliert von den Nachbarn entwickelt hat. Durch die Gebirgspässe führen viele Wege, die sich dann im Zentrum Böhmens, in Prag, verbinden. Auf diesen Wegen strömten nach Böhmen nicht nur Produkte aller Art, sondern auch fruchtbare Gedanken. Der Handel ist für das Einströmen der ritterlich-höfischen Kultur von großer Wichtigkeit. Das seit dem 10. Jahrhundert regierende Haus der Přemysliden war auf vielen Wegen mit den benachbarten Höfen verbunden. Für uns sind am aufschlussreichsten die dynastischen Verbindungen mit dem Reiche oder mit deutschsprachigem Territorium,[8] *imperium romanum*, wo sich die höfisch-ritterliche Kultur wesentlich früher entfaltet hat. Nicht nur das Haus der Přemysliden, sondern auch der Adel an der Grenze Böhmens stand mit den Adelsgeschlechtern auf der anderen Seite der ungefähr in der Mitte des Grenzwaldes führenden Grenzlinie in Verbindung.[9] Zu voller Entfaltung

---

[6]  Zur Dichtung als Geschichtsquelle vgl. *Bumke*, Höfische Kultur, 17-26.

[7]  Cosmae Pragensis Chronica Boemorum, Bertold Bretholz (hrsg.), MGH SSrG NS 2, Berlin 1923, 5: *[...] (locus) cinctus undique montibus per girum, qui mirum in modum extenduntur tocius terre per circuitum, ut in aspectu oculorum quasi unus et continuus mons totam illam terram circueat et muniat.*

[8]  Die erste Frau Přemysl Ottokars I. (1198–1230) war Adelheid von Meißen, Wenzel I. (1230–1253) heiratete Kunigunde, die Tochter Königs Philipp von Schwaben, erste Gemahlin Ottokars II (1253–1278), des goldenen Königs war Margarete von Babenberg und Wenzel II. (1283–1305) ehelichte die Tochter des römischen Königs Rudolf von Habsburg Gute.

[9]  Zur Stellung der Witigonen im Reiche Ottokars II. und zu ihren österreichischen Verbindungen vgl. *Vratislav Vaníček*, Die Familienpolitik der Witigonen und die strukturellen Veränderungen der südböhmischen Region im Staatenverband König Přemysl II. Ottokars, in: Česko-rakouské vztahy ve

der ritterlich-höfischen Kultur war, wie in den anderen Ländern Europas, die Entstehung des Adels, einer Schicht mit eigenem Selbstbewusstsein, und die Geburt der Zentren, wo die ritterliche Kultur gepflegt werden könnte, nötig. Als wichtigstes Zentrum ist Prag zu nennen, das seit dem 9. Jahrhundert anerkannte Zentrum der Herrschaft der Přemysliden, bei denen es natürlich großen Bedarf nach der Rühmung ihrer Taten gab. Die Zeit der Entstehung der ritterlich-höfischen Kultur kann aber nicht an ein gewisses Datum geknüpft werden, weil es sich um einen Prozess handelte, der längere Zeit in Anspruch nahm.

Trotzdem kann aber in einer Quelle, nämlich in der Dalimil-Chronik aus dem 14. Jahrhundert der Anfang einer Tradition gefunden werden, das Aufkommen der ritterlichen Kultur, hier mit dem Deutschen und mit der Abgrenzung von diesen verbunden, in der Zeit des Königs Vaclav I. Dalimil berichtet uns sogar darüber, wer das *turnieren* nach Böhmen gebracht hat, es soll Ojíř (Oger) aus Friedberg gewesen sein.[10] Als wichtiger Punkt muss dabei die Beteiligung der böhmischen Herzöge an den Hoffesten im Reiche betrachtet werden. Der Herzog von Böhmen war nach Gislebert auf dem Mainzer Feste sogar mit 2 000 Rittern anwesend.[11]

13. století, Marie Bláhová - Ivan Hlaváček - Jan Hrdina - Petr Kubín (hrsg.), Příbram 1998, 85-106.

[10] Rýmovaná kronika česká. Die tutsch Kronik von Behemlanted, Josef Emler (hrsg.), in: Fontes Rerum Bohemicarum III, Ders. (hrsg.), Praha 1882, 177: *Mit Ogero gein Behem / stechin vnd turnirn kom, / domit er zeu hant / bracht dy armut in daz lant.*

[11] Zur Interpretation des Mainzer Festes vgl. *Bumke*, Höfische Kultur, 276 bis 282, hier als einführender Beispiel zur Problematik des Hoffestes. Bei der Interpretation zweier Hoffeste in Mainz mit unterschiedlicher Stimmung unterstrich Josef Fleckenstein die Rolle von Friedrich Barbarossa und seinem Hof als Sammelpunktes der Ritterschaft und eines verbindenden Beispiels für die Ritter des Reiches: *Josef Fleckenstein*, Friedrich Barbarossa und das Rittertum im Mittelalter, in: Rittertum, Arno Borst (hrsg.), 392-418.

Das Fest in Mainz war eine der eigenartigsten Ritterversammlungen des Hochmittelalters. Mit diesem Fest, dass von Friedrich Barbarossa organisiert war, wurde das Artusideal wieder belebt. Bei Mainz stellte man mehrere Holzgebäude und prächtige Zelte auf. Die einzelnen Teilnehmer wollten sich gegenseitig mit dem betriebenen Aufwand überbieten. Im Vordergrund stand bei diesem Fest die Umgürtung des künftigen Ritters und Kaisers Heinrich VI., der gemeinsam mit seinem Bruder zum Ritter geschlagen wurde.[12]

Die Beschreibungen der Feste in verschiedenen Texten, wie auch die höfische Literatur sind für uns die Quellen, die eine Annäherung an das mittelalterliche Ritterideal ermöglichen. Der Herrscher suchte bei den Festen nach *auxilium* (Hilfe) und *consilium* (Beistand) seiner Magnaten und stellte seine eigene Macht zur Schau. Neben dem Feiern wurde auch politisch verhandelt (über konkrete Absprachen können oft nur Vermutungen ausgesprochen werden) und Recht gesprochen. Der Herrscher gab an seine Getreuen kostbare Geschenke.[13] Die Teilnehmer überboten sich in prächtigen Gewändern, Turniere wurden organisiert. Einerseits ergeben sich daraus für uns interessante Angaben über die Unterhaltung des Hofes und der führenden Schichten im Hochmittelalter. Man bekommt zu wissen, welche Stoffe, Gesten oder auch Essgewohnheiten für vornehm gehalten wurden. Andererseits kann man durch diese Quellen das Ideal eines Ritters erörtern.

---

[12] Über Schwertleite und deren Ursprung vgl. *Bumke*, Höfische Kultur, 318–341; *Keen*, Das Rittertum, 101–127. Wichtig ist vor allem die Tatsache, dass diesen Brauch mit heidnischen Wurzeln im Hochmittelalter auch die Kirche gebilligt hatte. Zur allmählichen Annäherung der Kirche an das Kriegshandwerk und zur Ritterweihe vgl. vor allem *Carl Erdmann*, Die Entstehung des Kreuzzugsgedankens, Darmstadt 1965², 74–78.

[13] Zum Mäzenatentum vgl. *Bumke*, Höfische Kultur, 654–673, auf 667 ist die wichtige Rolle der Prager Přemysliden im literarischen Leben des Reiches der zweiten Hälfte des 13. Jahrhunderts betont.

Dies wird jedoch am leichtesten dem ritterlichen Epos entnommen. Als Musterbeispiel kann uns das Parzivalepos dienen, das große Verbreitung fand, es kann sogar möglich sein, dass es relativ früh ins Alttschechische übersetzt worden ist.[14] In diesem Epos werden alle Elemente betont, die einen Ritter ausmachen. Ein Ritter soll vornehmer Herkunft sein, Tapferkeit, Freigiebigkeit, Treue, Gemäßigtheit besitzen, er soll das kriegerische Handwerk beherrschen und sogar gebildet sein.[15] Zur Ausbildung des richtigen hochmittelalterlichen Rittertums, das sogar von der Kirche den Segen erhielt, haben sehr wohl die Kreuzzüge beigetragen. Die Ritter waren seitdem keine einfachen Söldner, sie waren von nun an Streiter Gottes.[16]

Am Anfang des 14. Jahrhunderts ist ein Werk böhmischer Provenienz, nämlich *Des böhmischen Ritters Johann von Michelsperg Ritterfahrt in Frankreich*,[17] geschrieben worden. Dieses Werk bietet uns die erhoffte Grundlage für das Studium des ritterlichen Ideals in Böhmen. Am Anfang des epischen Gedichtes finden wir mehrere Helden aufgezählt, die zu den geläufigen Gestalten der höfischen Literatur gehören, Parzival, Iwein, Gawain u. a. Diese Aufzählung hat den Zweck, den Ritter als Glied der Ritterschaft, *militia*, vorzustellen (die Leser wussten sehr wohl, was sie sich darunter vorstellen sollen). Die Taten eines Ritters verdienen, versteht sich, in allen Ländern gerühmt zu werden. Unser Held reitet nach Paris der *âventûre* wegen. In Paris findet er den französischen König

---

[14] *Václav Bok*, Existovalo staročeské zpracování o Parzivalovi?, Listy filologické 112, 1989, 137-143. Ich würde der Annahme nicht zustimmen, dass die niederen Adeligen zu dieser Zeit kein deutsch verstünden. Zum Parzivalepos und der kaum überschaubaren Parzivalliteratur vgl. auch *de Boor*, Die höfische Literatur, 89-109.

[15] Siehe *Bumke*, Höfische Kultur, 416-29.

[16] Dazu übersichtlich *Josef Fleckenstein*, Rittertum, Berlin 2002, 109-118.

[17] Jan z Michalovic. Německá báseň třináctého věku, Arnošt Kraus (hrsg.), Prag 1888.

beim Mahl, von schönen Frauen umgeben und im holden Ge-
spräch. Der Gast wird freundlich aufgenommen und nun werden
seine kostbaren Kleider, die sogar einem Könige ziemen würden,
beschrieben. In der nachfolgenden Passage wird das Wappen des
Ritters beschrieben. Danach reitet der neue Parzival auf dem Pfad
der ritterlichen Ehren zum Turnierkampf. In diesem bezwingt Johann von Michelsberg zwei französische Ritter (er kämpft für den
böhmischen König, seine Gegner für den französischen). Von dem
König bekommt er reichen Lohn.[18]

Die Beschreibung des Turniers ist für uns aus vielen Gründen
interessant. Helden aus der Artusepoche stehen hier neben Alexander dem Grossen,[19] einer der beliebtesten Gestalten der epischen
Denkmäler der höfisch-ritterlichen Epoche. Alle Helden, und es
ist nicht wichtig ob es sich um historische Gestalten handelt oder
nicht, werden mit ritterlichen Attributen aufgefasst. Umgekehrt
gilt, dass ein zeitgenössischer Fest, wie in Mainz im Jahre 1184, das
in Artusmanier gegeben wird, nicht mit rauen Farben des frühen
Mittelalters angestrichen wird: Artus gilt nur als eine Mustergestalt,
die Kulissen sind jedoch zeitgenössisch. In diesem Zusammenhang
würde sich die Frage aufdrängen, ob die Kirche nicht Probleme
mit einer Musterfigur aus den heidnischen Zeiten hatte.[20] Diese
Märchenwelt ist ein Ausdruck der selbstbewussten Klasse der Ritter und ihrer weltlichen Geschichte, die konkurrenzfähig neben
der heiligen Geschichte der Kirche existierte. Die höfischen Dichter haben in ihren Werken den Menschen ins Zentrum ihrer Er-

---

[18] Ebda, 99–114.

[19] Zur alttschechischen *Alexandreida* vgl. die einführende Studie zur Edition
von *František Svejkovský* in: Alexandreida, Václav Vážný (hrsg.), Praha 1963
und *Jan Lehár*, Nejstarší česká epika, Prag 1983, 77–96. Hier wird auch der europäische Kontext besprochen.

[20] Zur Kritik des weltlichen Lebens vgl. *Werner Paravicini*, Die Ritterlich-höfische Kultur des Mittelalters, München 1994, 45–48.

zählungen vorrücken lassen und eine neue Interpretation der Geschichte angeboten. Man muss jedoch, um diesen Widerspruch zu lindern, immer die paradoxe Tatsache vor den Augen haben, dass es gerade die Kirche war, die das Aufkommen der Ritterschaft ermöglichte. Die kirchliche Beteiligung an den Kreuzzügen, die für die Geburt des Rittertums sehr wichtig waren, ist selbstverständlich. Es war die Kirche, die aus dem einfachen *miles* des frühen Mittelalters den Ritter des hohen Mittelalters gemacht hat, indem sie ihm eine moralische Grundlage verschaffte und Zusammenarbeit angeboten hat. Dieser Prozess war aber beiderseitig, auch die Kirche hatte sich dadurch verändert.[21] Es ist auch zu bemerken, dass die Rolle der Frau im höfischen Roman ohne die marianische Frömmigkeit der kirchlichen Literatur[22] kaum zu denken ist.[23]

Für Historiker ist Heinrichs von Friedberg episches Werk auch wegen der Beschreibung der Bekleidung des Ritters, des Pferdezeuges und des Turniersverlaufes vom Nutzen. Wir erfahren u. a., dass dem tapferen Helden Johann von Michelsberg die schwere Hose beim Sitzen angezogen worden ist, dass er ein seidenes *spaldenier*, ein inneres Stück der Schulterbekleidung, und einen wie Silber glänzenden *halsberc*, also ein Panzerhemd, trug. Dieser war mit Platten aus Meisterhand beschlagen. Das Aussehen dieses Ritters wird sogar mit dem tapferen Wigalois verglichen. Aus der darauf folgenden Szene erfahren wir, dass sich die Ritter im *tjoste* bekämpften. Es heißt, dass es sich um kein klassisches Turnier handelte, an dem gewöhnlich mehrere Gruppen der Ritter gegeneinander kämpften, sondern um ein Einzelrennen, bei dem nur zwei

---

[21] Die Stellung der Kirche zum Kriege und zum Rittertum mit zahlreichen Beispielen und ausführlich bei *Erdmann*, Die Entstehung.

[22] *Helmut de Boor*, Die deutsche Literatur von Karl dem Großen bis zum Beginn der höfischen Dichtung, München 1978⁹, 189–206.

[23] Zu der höfischen Literatur siehe den Beitrag von Václav Žůrek in diesem Band, 167-194.

Gegner sich gegenüberstanden, die mit eingelegten Lanzen aufeinander zusprengten und sich gegenseitig abzustechen versuchten.[24]

An dieser Stelle ist unsere Aufmerksamkeit auf ein anderes Merkmal des Rittertums zu richten. Nämlich auf die Frau und den Frauendienst. Die Auffassung der Frau in den Denkmälern der höfischen Literatur ist nicht spannungsfrei. Die Frau ist einerseits der Verehrung und des Lobes würdig (in den späteren Werken der höfischen Lyrik und Epik ist dieses Thema stark schematisiert), andererseits ist die Macht der Frau verhängnisvoll, auch sie ist dafür nicht frei von Kritik. Bei der Auffassung des Treueverhältnisses zur Frau finden wir dieselben Wendungen wie bei dem Treueverhältnis des Vasallen zu seinem Herrn.[25]

Ein weiterer wichtiger Punkt ist die Präsentation des Hofes. Kostbare Kleider, verzierte Zelte und prächtiger Aufwand der höfischen Feste standen im krassen Widerspruch zum tagtäglichen Brot des mittelalterlichen Menschen. Mit dem Aufwand ist aber eine weitere Eigenschaft zu nennen, die einen richtigen Ritter ausmacht, nämlich die Freigiebigkeit. Es war üblich, dass sich die Magnaten in einer prächtigen Geschenkausteilung überboten haben. Ein Herrscher der an seine Getreuen keine Geschenke verteilt, passt nicht in diese Vorstellungswelt.[26]

*          *          *

Böhmen hat sich dieser ritterlichen Welt im Vergleich mit dem westlichen Europa später angeschlossen. Dieser Anschluss war nämlich nur dann möglich, wenn dazu die inländischen Bedingungen reif wurden. Das Phänomen der ritterlich-höfischen Kultur in Böhmen

---

[24] Diese Definition nach *Bumke*, Höfische Kultur, 360. Ebda, 342–379 wird das Turnier beschrieben. Hier sind auch die päpstlichen Bullen erwähnt, die das Turnieren verboten haben.

[25] Ebda, 451–558.

[26] Vgl. die Anmerkung 13.

wird nur im Rahmen der innovativen Verwandlungen des 13. Jahrhunderts verständlich. Das Aufkommen des selbstbewussten Adelsstandes, die Kreuzzugsbewegung und der Dauerkontakt mit dem Ausland waren dabei sehr wichtig. Böhmen entwickelte sich sogar in der Periode, in der im Reich die höfische Kultur zur bloßen Geste geworden ist, zum Zentrum des Mäzenatentums und der höfischen Literatur. Wenzel I. (1230–1253) hat einen glänzenden Hof geführt,[27] sein Sohn Přemysl Ottokar II. (1253–1278), der mächtige König von Böhmen und Herzog von Österreich, Kärnten und Steiermark, war sogar ein Inbegriff des Rittertums in seiner Zeit, auf seinen ersten Kreuzzug nach Preußen nahm er den Meister Sigeher, damit dieser seine Taten rühmt.[28] Wenzel II. (1283–1305) hat sogar eigene Minnelieder gedichtet, deren Autorschaft einer der bedeutendsten Historiker der Epoche der letzen Přemysliden Josef Šusta für Wenzel in einem Artikel bewiesen hat. Wenzel II. ist auch im *Codex Manesse* abgebildet.[29] Böhmen war also in der zweiten Hälfte des 13. Jahrhundert ein wichtiges Zentrum der höfisch-ritterlichen Kultur, neben dem Přemyslidenhause sind auch die verzweigten Witigonen in Südböhmen als Mäzene zu nennen, die rege Kontakte mit Österreich unterhalten haben. Später, nach der politisch unruhigen ersten Dekade des 14. Jahrhunderts haben die Luxemburger die Oberhand gewonnen, Karl IV., der römische Kaiser und böh-

---

[27] Siehe *Milan Sovadina*, Dvůr Václava I., Sborník archivních prací 45, 1995, 3-40.

[28] Siehe *Josef Šusta*, První výprava Přemysla II. Otokara do Prus, in: Z dějin východní Evropy a Slovanstva. Sborník věnovaný Jaroslavu Bidlovi profesoru Karlovy univerzity k 60. narozeninám, Miloš Weingart – Josef Dobiáš – Milada Paulová (hrsg.), Praha 1928, 220-228. Als Ritter zu Pferde ist Přemysl Ottokar II. auch auf seinem Reitersiegel abgebildet. Zum Přemysl Ottokar II. vgl. auch *Jörg Hoensch*, Přemysl Ottokar II. von Böhmen. Der goldene König, Graz – Wien – Köln 1989.

[29] Siehe *Josef Šusta*, Skládal Václav II. básně milostné?, Český časopis historický 21, 1915, 217-246.

mischer, lombardischer und arelater König und der zweite Luxemburger auf dem böhmischen Thron, nach dem Diplomaten und
Krieger Johann von Luxemburg, konnte bei seiner Hofhaltung an
eine feste bereits in der Přemyslidenepoche gelegte Grundlage anknüpfen.[30]

Die Epoche der höfisch-ritterlichen Kultur in Böhmen mit
dem Nachdruck auf ihre Anfänge, Verbreitung und Gestalt in der
Regierungszeit der letzten Přemysliden wartet bis heute auf eine
systematische Untersuchung.[31] Diese muss mit mangelnder Quellenüberlieferung (aufgrund von Quellen aus einer jüngeren Epoche sind Schlüsse nur mit Vorsicht zu machen), und mit den Besonderheiten des Quellenmaterials kämpfen und zugleich auf einer
breiteren Komparationsbasis beruhen. Dazu werden zunächst einzelne Studien benötigt. Eine solche Studie hat Libor Jan[32] im letzten Jahr dem Turnieren gewidmet.

Die überlieferten Quellen bieten uns zwar eine bescheidene,
dennoch aber ausreichende Grundlage zur Untersuchung der Geschichte der höfisch-ritterlichen Kultur des Přemyslidenzeitalters in
Böhmen. Diese Geschichte muss den höheren Schichten gewidmet werden, denn die *rustici*, im Gegensatz zu *milites* begegnen uns
oft nur als stumme Zuschauer der höfischen Unterhaltung in den
Quellen. Diese Geschichte ist nur mit Hilfe der Textkritik zu schreiben, die Geschichte der Unterhaltung des Adels ist nur im Zusammenhang mit den ikonographischen Quellen zu erschließen, diese
Quellen sollen mit der semantischen Methode des Textstudiums
kombiniert werden. Das Bild, das dabei entsteht, lässt uns näher

---

[30] Siehe *Ferdinand. Seibt*, Karl IV. Ein Kaiser in Europa, Frankfurt am Main
2003².

[31] Der polnische Historiker *Wojciech Iwańczak*, Po stopách rytířských příběhů,
Praha 2001, verfolgt das Phänomen mit dem Nachdruck auf die spätere Periode.

[32] Vgl. xx, Anm. 1.

an die adlige Gesellschaft herrücken, die sich von der Niedrigeren ihrer Schicht besingen lässt, wir erfahren viel von Unterhaltung dieser Schicht und uns werden ideale Angebote klar, die den diskursiven Rahmen dieser Gesellschaft mitgestalteten. Die höfisch-ritterliche Kultur entsteht vor uns zugleich als ein Versuch, den Grausamkeiten dieser Welt durch künstlerische Stilisierung zu entkommen.

# *Mittelhochdeutsche Dichtung in Böhmen der Přemysliden*

## Václav Žůrek (Praha)

Das Königreich Böhmen wurde durch den Prozess der Kolonisation im 13. Jahrhundert markant geprägt. Der Begriff „Kolonisation" wird traditionell sowohl mit Rechtsinnovation, als auch mit Dorf- und Städtegründungen und neuen Technologien verbunden.[1] In der Kunst und in der Kultur im engeren Sinne[2] bleibt immer noch die Frage offen, ob man über den Prozess der Kolonisation sprechen darf. Mit dem wirtschaftlichen und politischen Aufstieg von Böhmen nach 1198 verlief der Prozess (der vielleicht Kulturkolonisation genannt werden kann) der Übernahme der im Westen vorhandenen allgemeinen kulturellen Trends: ein gutes Beispiel ist da das Aufkommen der abendländischen ritterlichen Kultur in Böhmen.[3] Diese und ähnliche künstlerische und Lebensformen setzten sich erst am Königshof durch, in der Folge wurden

---

[1] Dazu umfassend *Jan Klápště*, Proměna českých zemí ve středověku, Praha 2005.

[2] Siehe dazu den Beitrag von *Jan Kremer*, in diesem Band, 63-89, hier 70, Anm. 15.

[3] Siehe dazu den Beitrag von *Jiří Knap*, in diesem Band, 153-165.

sie dann auch von der adeligen Schicht in Böhmen und in Mähren übernommen.

Folgende Zeilen sollen der spezifischen Problematik der mittelhochdeutschen Literatur in Böhmen und über Böhmen im Kontext der ritterlichen Kultur gewidmet werden. Die Texte, die in Böhmen oder für böhmische Auftraggeber zwischen den dreißiger Jahren des 13. Jahrhunderts bis zum Aussterben der Přemysliden (1306) geschrieben wurden, sind relativ zahlreich und behandeln sowohl lyrische als auch epische Stoffe.[4]

Die geistliche wie auch weltliche Literatur wurde in Böhmen des 13. Jahrhunderts in mehreren Sprachen verfasst. Ähnlich wie in ganz Europa wurden von den gebildeten Klerikern auch in Böhmen Texte wie Chroniken, Nekrologien oder Urkunden lateinisch geschrieben.[5] Auf Deutsch hat man in dieser Zeit vor allem gedichtet. Die Literatur auf Tschechisch kam etwas später – ihre Blüte erlebte sie in der zweiten Hälfte des 14. und im 15. Jahrhundert.[6]

---

[4] Grundlegende Literatur: *Arnošt Kraus*, Jan z Michalovic. Německá báseň třináctého věku, Praha 1888; Moravo, Čechy, radujte se! Němečtí a rakouští básníci v českých zemích za posledních Přemyslovci, Václav Bok – Jindřich Pokorný (hrsg.) (Litteraria Germano-Austro-Bohemica I.), Praha 1998; *Jindřich Pokorný*, Fröuwe dich, Merhern, Bêheimlant! Němečtí básníci na dvoře posledních Přemyslovců a naše současná liteárněhistorická studia, Střední Evropa 11, 1995, č. 46, 66–82; umfangreiche Analyse in *Hans-Joachim Behr*, Literatur als Machtlegitimation. Studien zur Funktion der deutschsprachigen Dichtung am böhmischen Königshof im 13. Jahrhundert, München 1989 und Sammelbände Deutsche Literatur des Mittelalters in Böhmen und über Böhmen. Vorträge der internationalen Tagung, veranstaltet vom Institut für Germanistik der Pädagogischen Fakultät der Südböhmischen Universität České Budějovice. České Budějovice, 8. bis 11. September 1999, Dominique Flieger – Václav Bok (hrsg.), Wien 2001 und Deutsche Literatur des Mittelalters in Böhmen und über Böhmen. 2. Tagung in České Budějovice/Budweis 2002, Václav Bok – Hans-Joachim Behr (hrsg.), Hamburg 2004.

[5] Übersicht in *Jana Nechutová*, Latinská literatura českého středověku do roku 1400, Praha 2000.

[6] Übersicht in *Jan Vilikovský*, Písemnictví českého středověku, Praha 1948

Erinnert sei auch an eine andere Sprachgruppe, die ihre Texte in Böhmen und in ganz Europa verfasste. Einige Gelehrten des Prager Judentums verfassten ihre philologisch-theologischen Traktate auf Hebräisch, einige davon sind in verschiedenen Sammelhandschriften aus dem 14. Jahrhundert überliefert. Der Umfang des hebräischen Schrifttums war mit den geschätzten zwei tausend Druckseiten der überlieferten Texte der drei Meister aus dem 12. und 13. Jahrhundert (Laban, Abraham Chládek und Izák Ór Zárúa) größer als der Umfang aller lateinischen, deutschen und tschechischen literarischen Texte aus der Zeit zusammen.[7]

Die deutschsprachige Dichtung erweckt bis heute kein großes Interesse in der tschechischen Mediävistik. Für die Historiker stellt die Literatur immer ein Thema der Literaturwissenschaft dar. Das ist vor allem anhand der neuen Forschungen zu dieser Quellengruppe zu sehen. In letzter Zeit wurden zwei Sammelbände über deutsche Literatur im mittelalterlichen Böhmen herausgegeben, an beiden waren nur Literaturwissenschaftler beteiligt.[8] Auch die bisher einzige ausführliche Funktionsanalyse der deutschsprachigen Literatur am böhmischen Königshof hat ein deutscher Literaturwissenschaftler, Hans-Joachim Behr, verfasst.[9] Dabei können Historiker diesen Quellen andere Fragen stellen als Literaturwissenschaftler. Leider bleibt die oft proklamierte Interdisziplinarität ein noch nicht erfülltes Programm. Bis heute dominiert in der Interpretation der Epoche der Přemyslidenherrschaft in Böhmen poli-

---

und *Winfried Baumann*, Die Literatur des Mittelalters in Böhmen. Deutschlateinisch-tschechische Literatur vom 10. bis 15. Jahrhundert, (Veröffentlichungen des Collegium Carolinum 37) München–Wien 1978.

[7] *Roman Jakobson*, Řeč a písemnictví českých Židů v době přemyslovské, in: Židovská ročenka 1992-93, 59–68.

[8] Deutsche Literatur des Mittelalters in Böhmen und über Böhmen (1999) und Deutsche Literatur des Mittelalters in Böhmen und über Böhmen (2002).

[9] *Behr*, Literatur als Machtlegitimation.

tische Geschichte, Kulturgeschichte im engeren Sinne einer künstlerischen Produktion im jeweiligen Kontext wie auch im Sinne der Auffassung von Ute Daniel[10] spielt fast keine Rolle. An den drei letzten großen Monographien[11] über diese Epoche kann man dies gut sehen: die künstlerische Produktion wird als ein Exkurs behandelt, als etwas, was „neben" der „großen Geschichte" steht, bzw. ein Nebenprodukt von ihr sei.[12] Dabei gerade für die politisch und wirtschaftsgeschichtlich so wichtige Formierung des Adelstandes in Böhmen im 13. Jahrhundert sind diese Quellen und ihre Rezeption enorm wichtig. Erst wenn wir die Prozesse der Produktion und Verbreitung dieses Schrifttums verstehen, können wir den Prozess der Entstehung des böhmischen Adels richtig verstehen, dessen Weltanschauungen, Lebensweise, Kommunikations- und Handlungsmöglichkeiten etc. Die kulturwissenschaftliche Perspektive kann meiner Meinung nach das Bild der Geschichte des böhmischen Mittelalters bedeutsam bereichern.

Ich will mich im Folgenden daher dem Quellenkomplex der mittelhochdeutschen Dichtung widmen, die uns für ein besseres Verständnis der Ideenwelt des Adels und der Hofgesellschaft im 13. Jahrhundert helfen kann, vor allem was die interkulturellen Beziehungen des böhmischen Adels mit den westlichen Teilen des

---

[10] *Ute Daniel*, Kompendium Kulturgeschichte. Theorien, Praxis, Schlüsselworte, Frankfurt am Main 2004⁴ beschreibt Kultur unter anderem als Inbegriff für all das, was der Mensch geschaffen hat, im Unterschied zum Naturgegeben. Kultur als symbolisches System, wie sie von Ernst Cassirer 1923 definiert wurde, neutralisiert dabei das Problem der Beziehung von Kultur und Gesellschaft.

[11] *Vratislav Vaníček*, Velké dějiny zemí Koruny české, Bd. 2: 1197–1310, Praha 2000; *Ders.*, Velké dějiny zemí Koruny české. Sv. 3. 1250-1310, Praha 2002; *Josef Žemlička*, Počátky Čech královských 1198-1253. Proměna státu a společnosti, Praha 2002.

[12] Siehe zu der Problematik auch *Tomáš Rataj*, Mezi Zíbrtem a Geertzem. Úvaha o předmětu kulturních dějin, in: Kuděj 7, 2005, 142-158.

Römischen Reiches und den Charakter der gegenseitigen Interaktionen einer im Grunde „kosmopolitischen" gesellschaftlichen
Schicht betrifft.

Die Quellenlage ergibt nicht sehr viele Möglichkeiten, die Entfaltung der Ritterkultur in Böhmen unter den letzten Přemysliden
zu untersuchen. Ein interessantes Beispiel, wie man anhand der
vorhandenen Quellen diese Geschichte schreiben kann, stellt die
Studie von Josef Macek über das Turnier dar.[13] Ohne die Absicht,
die Ritterkultur in diesem Aufsatz als Phänomen zu analysieren,[14]
kann behauptet werden, dass in der Ritterkultur die Legitimations-
bestrebung des Adels eine wichtige Rolle spielte, da der Adel in der
gegebenen Zeit bestrebt war, seine Position in der Gesellschaft zu
definieren und seine privilegierte Stellung zur Schau zu stellen, einerseits gegenüber der königlichen Macht und andererseits auch
gegenüber dem entstehenden Bürgertum. Die höfische nichtlatei-
nische Unterhaltungsliteratur spielte in unterschiedlichen Kontex-
ten verschiedene Rollen. In Böhmen hat sie einen ganz anderen
Stellenwert gehabt als in Ländern, aus denen sie importiert wurde
(Frankreich und das Römische Reich). Am Anfang des 13. Jahrhunderts besaß die Literatur im Römischen Reich vor allem wohl
die Funktion einer Erinnerung an schöne alte Zeiten (allerdings
niemals existierender) wahrer Ritterlichkeit.[15]

---

[13] *Josef Macek*, Das Turnier im mittelalterlichen Böhmen, in: Josef Fleckenstein (hrsg.), Das ritterliche Turnier im Mittelalter. Beiträge zu einer vergleichenden Formen- und Verhaltensgeschichte des Rittertums, Göttingen 1985,
371-389.

[14] Siehe *Knap*, Höfisch-ritterliche Kultur, 153-156.

[15] Dazu *Joachim Bumke*, Höfische Kultur. Literatur und Gesellschaft im hohen Mittelalter, Bd. 1, München 1986, 11: „Die Jahrzehnte, in denen die
höfische Dichtung ihre höchste Blüte erlebte, waren in Deutschland eine
besonders schlimme Zeit innerer Kriege und öffentlicher Wirren. Der Tod
Heinrichs VI. im Jahr 1197 hat das Land in einen Zustand der Anarchie ge-
stürzt."

Die Situation in Böhmen unterschied sich davon wesentlich. Die mittelhochdeutsche Literatur ist in Böhmen mit der Ritterkultur verflochten und in ihren Anfängen trug sie wesentlich zur Vermittlung des westeuropäischen ritterlichen Ideals bei. Deshalb war die Spruchdichtung die erste Gattung, die speziell auf dem Prager Hof populär wurde. Als Spruchdichtungen bezeichnet man lyrische Lieder begleitet von Musik, meistens in einer Strophe, mit lehrhaftem Inhalt, die die Zuhörer über eine richtige ritterliche Weltanschauung belehren. Man kann sie auch als persuasive Texte definieren;[16] sie weisen im Grossen und Ganzen keine regional bedingten Unterschiede auf.[17] Der wohl wichtigste und auch bekannteste Autor dieser Spruchlyrik war Walther von der Vogelweide. Diese Literaturgattung sollte einen Kanon des angemessenen höfischen Verhaltens enthalten und als ein Kompendium für Adelsethik und Tugendlehre dienen. Gerade deshalb wurde diese Gattung als die erste von den Gattungen der höfischen Literatur in Böhmen präsent. Die Spruchdichtung mit ihren lehrhaften Inhalten hat wesentlich zur Verbreitung der Ritterkultur und entsprechender Weltanschauung zuerst am Hofe der Přemysliden und dann auch unter dem böhmischen Adel beigetragen. Sie war wohl an der Identifizierung der Mitglieder dieses Standes mit der abendländischen Adelsschicht nicht unwesentlich beteiligt.

Von der Art und dem genauen Zeitpunkt der Einführung von lyrischen Gedichten und ihrer Rezeption in Böhmen kann man leider anhand der erhaltenen Quellen nur wenig Sicheres sagen. Als der König Wenzel I. den Dichter Reinmar von Zwetter vom babenbergischen Hof nach Prag eingeladen hat, war wohl eine Vorstellung vom Mäzenatentum als Mittel der Repräsentation zumindest

---

[16] So *Behr*, Literatur als Machtlegitimation, 59–61, der über „persuasive Funktion" spricht.

[17] Dazu vgl. *Ursula Schulze*, Sangspruchdichtung, in: LexMA 7, CD-ROM Ausgabe 2000, Sp. 2143–2147.

an königlichen Hof bereits vorhanden, was auch vermuten lässt, dass man dort einige der Erzeugnisse der deutschsprachigen Dichtung bereits kannte. Und wenn man sich über die Rolle eines Mäzens im Klaren war, kannte man wohl auch die Helden und Stoffe, die dazu ein Beispiel lieferten – in einem anderen Fall hätte der eingeladene Dichter kaum Kundschaft und Publikum gefunden (allgemein betrachtet entstand die mittelalterliche Literatur nicht aus einem „inneren Drang" des Verfassers, wie es in dem Fall der modernen literarischen Produktion ist, oder zumindest sein soll).[18]

Ich gehe davon aus, dass in der Zeit, als die einzelnen Dichter nach Böhmen gekommen sind, zumindest die großen Geschichten der Autoren wie Wolfram von Eschenbach, Walther von der Vogelweide, Hartmann von der Aue, Gottfried von Strassburg oder Chrétien de Troyes unter dem höfischen Adel mindestens dem Vernehmen nach bekannt waren. Das gilt vor allem für die Zeit Přemysl Ottokars II., der aufwändige epische Dichtungen bei seinen Hofdichtern bestellt hatte. Mit anderen Worten würde das bedeuten, dass in Böhmen die kulturelle Konstante einschließlich der literarischen *loci communes* schon in der ersten, vor allem aber in der zweiten Hälfte des 13. Jahrhunderts rezipiert wurde.

Die Spruchdichtung (heute auch als Sangspruch oder Spruchlied bezeichnet) war, wie gesagt, die erste Gattung, die die Přemysliden von ihren Sängern verlangten:[19] der Dichter Reinmar von Zweter war der erste, der an den Prager Hof kam, um dort für den

---

[18] So bereits *Bumke*, Höfische Kultur, 638: „Im Mittelalter hat es jedoch eine Alternative zwischen der Bindung an den Auftraggeber und der künstlerischen Selbstverwirklichung nicht gegeben. [...] würde es nur zu Missverständnissen führen, wenn man zwischen Werken, die dem inneren Drang des Künstlers ihre Entstehung verdankten, und solchen, die auf Bestellung anstanden sind unterscheiden wollte."

[19] Die Spruchdichtung wurde in der Regel im Unterschied zum Minnesang von den Dichtern aus dem niederen Adel gedichtet. Diese Form geht auf deutsche mündliche Tradition zurück und die Anfänge dieser Form reichen

König zu singen. Seine Einladung hatte vielleicht auch die Königin Kunigunde von Staufen[20] bewirkt, die Tochter Philipps von Schwaben. Reinmar war früher am Hof Friedrichs II. tätig, er stammte nach seinen eigenen Worten aus Rheinland: *Von Rîne sô bin ich geborn / in Ôsterrîche erwahsen, Bêheim hân ich mich erkorn...*[21] 1234 habe er Österreich den Rücken gekehrt und sei nach Prag geritten. Dort hat er für den Wenzel I. (1230-1253) einige Jahre gedichtet, um im Jahr 1241 nach einem Zerwürfnis mit seinem Gönner in den staufischen Dienst zu treten.[22] Reinmar hat etwa 330 kurze Lieder verfasst, in denen moralische, politische und religiöse Themen behandelt wurden. Reinmar war ein Nachfolger von Walther von der Vogelweide und gehörte zu den legendären „12 alten Meistersingern". Der Germanist Martin Schubert ist aufgrund der Untersuchung von Sammelhandschriften mit der Dichtung von Reinmar zu der Schlussfolgerung gekommen, dass es bei Reinmar um keine zufällige Themenwahl ging, sondern um ein „anspruchsvolles Projekt", das nicht nur die hier zentral behandelten politischen Sprüche zusammenstellt, sondern auch „eine komplette Tugendlehre, einen kompakten Katechismus in Sangspruchstrophen und eine Minnelehre".[23]

---

im Unterschied zum Minnesang nicht nach Frankreich. Siehe *Joachim Bumke*, Die romanisch-deutschen Literaturbeziehungen im Mittelalter. Ein Überblick, Heidelberg 1967.

[20] Zu Kunigunde vgl. *Thomas Krzenck*, Eine Stauferin am Prager Hof - Kunigunde von Schwaben (1202-1248), in: Bohemia 31/2, 1990, 245-259.

[21] Die Gedichte Reinmars von Zweter, Gustav Röthe (hrsg.), Leipzig 1887, 486, Spruch 150.

[22] Zu Reinmars Wirkung in Böhmen siehe Moravo, Čechy, radujte se!, Bok - Pokorný (hrsg.), 21-33; *Behr*, Literatur als Machtlegitimation, 61-83; *Volker Schupp*, Reinmar von Zweter, in: LexMA 7, Sp. 670-671; Edition mit Kommentar: Die Gedichte, Röthe (hrsg.).

[23] *Martin J. Schubert*, Sangspruch am Hofe Wenzels I. - eine Revision, in: Deutsche Literatur, Flieger - Bok (hrsg.), 33-47, hier 44-45.

Nur zweimal hat Reinmar in seinen Liedern den böhmischen Hof erwähnt, nämlich in den Liedern Nr. 149 und 150. Im Spruch 149 kann man die Glorifizierung des Böhmenkönigs finden, er wird hier als ein Idealherrscher und Mäzen dargestellt:

*Ein künec, der aller der wil sîn, / die sîner helfe geruochent, derst ouch underwîlen mîn: / wie môht er mîn vermissen, / swenne er umb unt umbe wil gewern? / Er giltet lop, er giltet kunst, / dâ mit er hât verdienet / reiner vrouwen süezen gunst; / er ist ein koufman alles, des ein reinez herze kan gegern: [...]*[24]

Interessante Aussage bietet das Gedicht 150, wo Reinmar jammert, dass der König der einzige sei, der ihn fördert (Reinmar verwendet dabei die Metapher eines Schachspielers, der bis auf den König alle Figuren verloren hat).

*Ich hân der künec al eine noch / unt weder ritter noch daz roch: / mich stiuret niht sîn alte noch sîn vende.*[25]

Die přemyslidischen Höflinge wussten wohl in dieser Zeit noch nicht, was sie mit der raffinierten höfischen Dichtkunst anfangen sollen – was wiederum bestätigt, dass in der Regierungszeit Wenzels I. sich der eigentliche Anfang im Aufbau der höfisch-ritterlichen Gesellschaft in Böhmen ereignete.

Die Könige waren in der ganzen Epoche die ersten Auftraggeber, die in der Rolle eines Kunstmäzens den Ausdruck eigener Machtlegitimation sahen; die Dichter sollten ihr Bedürfnis nach einer verfeinerten Repräsentation stillen, die ihnen erlaubt hat, auf der gleichen Augenhöhe mit anderen abendländischen Herrscherhäusern zu stehen. Diese Repräsentation kann man wie folgt cha-

---

[24] Die Gedichte, Röthe (hrsg.), 485-6, Spruch 149.
[25] Die Gedichte, Röthe (hrsg.), 486, Spruch 150.

rakterisieren: Der Anspruch und die Begründung eines eigenen Führungswillens, die Bereitschaft, Macht im Sinne eines idealen Vorbildes auszuüben und die Manifestation des königlichen Wissens um „richtige" Herrschaft.

In Prag und an den königlichen Burgen anwesender königlicher Hof war nicht nur ein politisches Zentrum des Landes. Im Zusammenhang mit der Übernahme der ritterlichen Kultur hat sich rund um den König eine „höfische Gesellschaft" gebildet. Der König und sein Hof haben für die Dichter Auftraggeber, Finanzier und Publikum in einem dargestellt. Die Rolle des Königs war die wichtigste, weil er selbst als ein Vorbild gedient hat und so sollte er „vorbildlich" die Literaten nicht nur mit der Dichtung beauftragen, sondern auch den Dichter an den Hof (des Gönners) berufen, um ihn dort zu unterstützen.

Die Přemyslidenkönige und ihr Hof haben zahlreiche Kontakte mit Fürstenhöfen im Reich gepflegt. Was die höfische Kultur betrifft, war ein sehr bedeutendes Zentrum der Meissner Hof der Wettiner, woher die erste Frau Přemysl Ottokars I. Adelheid kam und mit welchem die Přemysliden nach dem Ende des Konflikts über die Nachfolge Přemysl Ottokars I. weiter Kontakte gepflegt hatten. Auch der landgräfliche Hof in Thüringen hat für Prag als Modell gedient.[26] Der Přemyslidenhof war auch nach Süden orientiert, seit der Herrschaft von Wenzel I. wurden enge Kontakte mit dem babenbergischen Hof gepflegt.[27] Der Einfluss des Römischen Reiches war überhaupt sehr bedeutsam; Wenzel I. heiratete Kunigunde von Staufen, die nach Böhmen eigene Hofdamen mit sich nahm (von denen sei eine gewisse Frau Sibyla zu nennen; sie hat später nacheinander drei böhmische Adelige gehei-

---

[26] *Žemlička*, Počátky Čech královských, 505–509.

[27] *Ivan Hlaváček*, Böhmisch-österreichische Nachbarschaft bis zu den Anfängen Přemysls II. in: Česko-rakouské vztahy ve 13. století, Marie Bláhová – Ivan Hlaváček – Jan Hrdina – Petr Kubín (hrsg.), Příbram 1998, 11–25.

ratet). Diese Frauen haben die Ritterkultur mitbestimmt, die Literatur, Musik, Kunst und die feinen höfischen Lebensweisen und Umgangsformen gekannt und diese auch weiter vermittelt. (Gerade aus der Zeit Wenzels I. haben wir erste Erwähnungen des höfischen Vergnügens überhaupt, nämlich des Turniers.) Die Mode der deutschen Sprache[28] und der deutschen Namen der Burgen kam mit dieser Kultur und ihren Trägern und Trägerinnen einher; man kann sie in den Quellen seit den vierziger Jahren des 13. Jahrhunderts feststellen. Der Adel hat die Burgen unter anderem als Symbole der eigenen sozialen Stellung gebaut. Gerade die Burgen haben den Raum für ritterliche Lebensweise geschaffen. Der böhmische Adel hat sich oft gerade nach diesen neuen Residenzen benannt (z. B. die Herren von Lemberk, von Sternberk, von Lichtenburk, von Rosenberg). Ich nehme an, dass die Benutzung der deutschen Sprache signifikant für die höfische Kultur in Böhmen war. Ein weiteres wichtiger Merkmal, das bei dieser Situation mitgewirkt haben könnte, waren die zahlreichen Kontakte des böhmischen Adels mit dem Adel in den Nachbarländern. Viele böhmische Adelige heirateten die Adelstöchter aus Meißen, Thüringen, Bayern, Niederösterreich u. a. Diese Kontakte wirkten allgemein sehr positiv auf die Verbreitung der westlichen Kulturformen auf den Adelshöfen in Böhmen und Mähren.

Der nächste Dichter, der nach Reinmar auf dem Přemyslidenhof erschienen ist, war der Meister Sigeher, der in den fünfziger bis siebziger Jahren des 13. Jahrhunderts hier einige Zeit verbrachte (unsicher ist, ob er mehrere Jahre im Stück geblieben ist oder ob er mehrmals den Prager Hof besuchte). Sigeher spricht über den böhmischen König in vier Gedichten (von 18 bekannten). Im Spruch Nr. 8 lobt er den König Přemysl Ottokar II. (1253–1278), dass er

---

[28] Zum Sprachsituation vgl. *Emil Skála*, Jazyková situace v rozmezí let 993–1322, in: Milénium břevnovského kláštera (993–1993). Sborník statí o jeho významu a postavení v českých dějinách. Praha 1993, 163–171.

alle anderen Herrscher in seiner Weisheit und Ritterlichkeit über-
trifft. Dazu benutzt der Dichter die Archetypen der Idealherrscher
Salomon und Artus.

> [...] in hât gekroenet Salomôn der wîse, / In hât gekroenet der vil tu-
> gende ê des pflac, / Artûs, der werde leie. / Der drier lop treit âne scharte
> unt âne krac / Watzlab, der êren heie [...][29]

Im Spruch Nr. 1 erinnert Sigeher, dass Ottokars Kreuzzug
nach Preußen (wahrscheinlich meint er den ersten Zug vom Jahr
1254/5) genauso bedeutend sei wie ein Kreuzzug in das Heilige
Land. Im Spruch 18 vergleicht er Ottokars militärische Erfolge mit
denjenigen von Alexander dem Grossen (dieser Text kann als eine
Verherrlichung des zweiten Kreuzzugs Ottokars nach Preußen im
Jahr 1267/1268 gedeutet werden). Am Ende des Spruches lobt Sigeher das Geschlecht der Staufer, was eine Anspielung an Ottokars
Mutter sein soll. Spruch 7, der über die Glücksgöttin erzählt, kann
man auch als eine Anspielung auf Ottokars Aspirationen auf den
Reichsthron lesen.[30]

Um 1250 ist auch der Dichter Friedrich von Sonneburg
(Sunburg) aus Südtirol (benannt nach dem Kloster Sonnenburg
in Pustertal bei Brixen) nach Böhmen gekommen. Friedrich hat
über 70 Sprüche im Dienst mehrerer Mäzene gedichtet. In zwei
Sprüchen (Nr. 52 und 53) erwähnt er den böhmischen König. Im
Spruch 52 beschreibt er einen militärischen Feldzug Přemysl Ottokars II. Es geht um den Feldzug im Jahre 1271 nach Ungarn, an
dem der Dichter selbst teilnahm.

---

[29] Meister Sigeher, Heinrich Peter Brondt (hrsg.), Nachdr. d. Ausg. Breslau
1913, Hildesheim 1977, Spruch 8, 93.

[30] Zu Meister Sigeher vgl. Moravo, Čechy, radujte se!, Bok - Pokorný (hrsg.),
25-26; *Behr*, Literatur als Machtlegitimation, 83-96.

*Ich was do siben wochen reit / mit richer küniges werdicheit / der künic*
*von Behein da gewan / wol zweinzic guoter veste in Ungerlande.*[31]

Die Anwesenheit des Dichters am Feldzug stellt einen inter-
essanten Beweis für die bereits entwickelte Ritterkultur und für
die Atmosphäre am böhmischen Hof Přemysl Ottokars II. dar.
Dieser König hat die Mittel seiner königlichen und ritterlichen
Repräsentation fest in Hand gehabt: er hat für die poetische Beschreibung seiner Feldzüge und Rittertaten direkt gesorgt. Auch
das zweite charakteristische Merkmal in der (Selbst-)darstellung des
böhmischen Königs, nämlich der Reichtum, wurde von Friedrich
von Sonneburg thematisiert. Im Spruch Nr. 53 vergleicht er den
böhmischen König mit Saladin (Symbol der Milde) und mit dem
König „Kosdras" (Symbol des Reichtums - parthischer Cosdras,
persischer Chosroes oder römischer Croesus):

*Ein richer künic hiez Kosdras, / der hete rotem golde / einen himel*
*unde einen tron eine burc gegozzen; / Dar umbe ein hohiu zarge was, /*
*Wiz silber als er wolde: / haete diu burc in Behein lant der milte künic*
*beslozzen, / Die teilte er also Salatin / den stein uz Baldachone [...]*[32]

Der Hof in den Zeiten Přemysl Ottokars II. hat sicher den
großen Ehrgeiz dieses Herrschers widerspiegelt. Ottokar war nicht
nur ein bedeutender Bauherr[33] sondern auch ein wichtiger Mä-

---

[31] Die Sprüche Friedrichs von Sonnenburg, Achim Masser (Hrsg), Tübingen
1979, Spruch 52, 35; zu Friedrich vgl. Moravo, Čechy, radujte se!, Bok - Pokorný (hrsg.), 26–27; *Behr*, Literatur als Machtlegitimation, 96–107.

[32] Ebda, Spruch 53, 37.

[33] Zum Thema Mäzenatentum Přemysl Ottokars II. vgl. *Jiří Kuthan*, Přemysl
Ottokar II. König Bauherr und Mäzen. Höfische Kunst im 13. Jahrhunder,
Wien-Köln-Weimar 1996. Siehe auch den Aufsatz von *Martin Mikuláš* in die-
sem Band, 93–100.

zen der deutschen Dichtung, die an seinem Hof gepflegt wurde.
In seiner Zeit wurden erstmals große epische Texte bestellt und fi-
nanziert. Die Mäzene und der Empfängerkreis waren wohl für anspruchsvolle Formen schon bereit und man kann annehmen, dass
sie mit den grundlegenden Texten des europäischen Ritterromans
gut vertraut waren (z.B. gilt dies sicher für den Willehalmstoff[34]).
Man musste schon ein beträchtliches Entgegenkommen einbrin-
gen: Ein Epos im Umfang von mehreren tausend Versen zu schreiben konnte eine lange Zeit dauern, in der der Dichter dem Auftraggeber so zu sagen auf der Tasche lag.

Der älteste epische Text, den wir mit den Přemysliden verbinden können, ist *Arabel* (über 10 000 Verse) von Ulrich von dem
Türlin. Dieses in den sechziger Jahren verfasste Epos erzählt die
Vorgeschichte *Willehalms*, einer europaweit beliebten Erzählung, deren eine äußerst erfolgreiche Version Wolfram von Eschenbach geschrieben hatte.[35] Das Epos schildert nach dem Muster der *Chanson de geste* die Kämpfe des provenzalischen Grafen Wilhelm von
Orange gegen die Araber. Diese Geschichte gefiel wohl in Böhmen
sehr, wie davon eine für den böhmischen König Wenzel IV. (1378-
1419) angefertigte illuminierte Handschrift ein Zeugnis ablegt, die
alle 3 Teile der Willehalmerzählung (*Arabel*, *Willehalm* und *Rennew-
art* von Ulrich von Türheim, etwa 60 000 Verse in summa) enthält.
Wir können nicht bestimmen, ob Ulrich das Epos am böhmischen

---

[34] Zu der Problematik des Willehalmstoffes siehe zuletzt *Ines Hensler*, Ritter
und Sarrazin. Zur Beziehung von Fremd und Eigen in der hochmittelalterlichen Tradition der „Chanson de geste", Köln-Weimar-Wien 2006, 39-58.

[35] Der Name *Arabel* wurde dem Werk erst von seinen modernen Herausge-
bern gegeben. Ursprünglich erschien das Gedicht unter dem Titel *Willehalm*:
Ulrich von dem Türlin: Willehalm. Ein Rittergedicht aus der zweiten Hälfte
des dreizehnten Jahrhunderts, Samuel Singer (hrsg.), (Bibliothek der mittelhochdeutschen Literatur in Böhmen IV.) Prag 1893; wegen der Unterscheidung beider Stoffe voneinander benutzt man heute den Titel Arabel. Siehe
Ulrich von dem Türlin, Arabel. Die Ursprüngliche Fassung und ihre Bearbeitung,
tung, Werner Schröder (hrsg.), Stuttgart-Leipzig 1999.

Königshof verfasste oder dem König nur einen bereits fertigen Text widmete.[36] In dem Gedicht ist Ottokar als der Herrscher von vier Ländern genannt, was nicht sehr klar ist. Wahrscheinlich betrachtete der Verfasser Böhmen und Mähren als ein Land, dann wären die anderen drei Kärnten, Steiermark und Österreich (seine Sprache ähnelt dem heutigen bayerisch-österreichischen Dialekt).[37] Die Autorschaft des Dichters Ulrich von dem Türlin wird nur anhand eines aus den Anfangsbuchstaben des Verses bestehenden Akrostichons ersichtlich, wo Ulrich auch seinen Gönner König Ottokar erwähnt. In seiner längeren Fassung lautet der Akrostichon: *Meister Vlrich von dem Türlin hat mich gemachet dem edeln cunich von Bêheim.*[38]

Über Ulrich als historische Person spricht keine Quelle, nur Ulrich von Etzenbach, ein anderer Dichter am Přemyslidenhof, erwähnt ihn in seiner *Alexandreis*:

*[...] als ich rehte mich verstê / des sehsten buoches ist niht mê. / Meister Uolrîch vom Türlîn, / daz iuwer kunst nû waere mîn, / sô wolt ich den werden sagen / und sie mit triuwen lêren clagen / alsô grôz ungemach [...]*[39]

Der ganze Text von *Arabel* ist als eine Verherrlichung der höfischen Feste zu lesen und als Ausdruck der *vröide*. Nach Behr war

---

[36] Zum Ulrich von dem Türlin vgl. Moravo, Čechy, radujte se!, Bok - Pokorný (hrsg.), 71-75; *Volker Mertens*, Ulrich von dem Türlin, in: LexMA 8, Sp.1204; *Behr*, Literatur als Machtlegitimation, 125-143.

[37] *[...] heil, fröude, fride man ouch hât/von dem künig in vier landen, / Ottaker.* Zitiert nach *Behr*, Literatur als Machtlegitimation, 141; zum Datierung vgl. noch Moravo, Čechy, radujte se!, Bok - Pokorný (hrsg.), 74.

[38] *Kurt Gärtner*, Zur Schreibsprache des Akrostichons in der „Arabel" Ulrichs von dem Türlin, in: Deutsche Literatur, Bok - Behr (hrsg.), 47-55, hier 48-50.

[39] Ulrich von Eschenbach: Alexander, Wendelin Toischer (hrsg.), Tübingen 1888, Verse 16 223-16 229, 432.

dies für Ulrich die Kardinaltugend. Genauso wie die Figuren in *Arabel*, habe König Ottokar keine Gelegenheit zum Fest, zur Repräsentation seiner „Macht und seines Herrschaftsbewusstseins", ausgelassen.[40]

Der größte Epiker am Přemyslidenhof hieß Ulrich von Etzenbach, auch er wird in der Quellen nicht erwähnt, wir wissen über ihn nur das, was er über sich geschrieben hat, etwa dass er im Lande des Löwen geboren wurde:

> *[...] dô woldich von dem lewen niht, / und noch ungern, waz mir geschiht: / in des lande ich bin geborn, / nâch gote ze hêrren habe ich erkorn.*[41]

Dieser Dichter ist nach Prag am Anfang der siebziger Jahre gekommen, und mit einer Unterbrechung während der „bösen Jahre" nach dem Tode Ottokars im Jahre 1278 verbrachte er dort zwanzig Jahre. Während dieser Jahre hat er zwei umfangreiche Epen, *Alexandreis* und *Wilhelm von Wenden* verfasst.[42]

Přemysl Ottokar II. hat bei ihm eine neue Bearbeitung der Erzählung über den Alexander den Großen bestellt. Als Vorlage hat dem Dichter ein lateinisches Epos von Gualter de Châtillon (c.1135–1200) gedient. Gualter hat Alexander als den Helden und Musterbeispiel für zeitgenössische Herrscher stilisiert, genauso ging auch Ulrich von Etzenbach vor. Die Handschrift der Vorlage hat ihm der König Ottokar vom Salzburger Erzbischof Friedrich von Walchen besorgt. Dank dieser Information können wir den Anfang seiner Arbeit ins Jahr 1271 datieren.[43] Allerdings hat Ulrich nicht

---

[40] Vgl. *Behr*, Literatur als Machtlegitimation, 142-3.

[41] Ulrich von Eschenbach, Alexander, Verse 27 625–27 628, 734.

[42] Zu Ulrich von Etzenbach vgl. Moravo, Čechy, radujte se!, Bok - Pokorný (hrsg.), 75-81; *Behr*, Literatur als Machtlegitimation, 143–206.

[43] Er arbeitete an diesem Epos 1271-1282, siehe *Joachim Gruber*, Alexanderdichtung, in: LexMA 1, Sp.362-363.

geschafft, das Epos bis zu Ottokars Tode abzuschließen (vermutlich verfasste er bis zum Jahr 1278 nur die ersten fünf Bücher). Danach hat er die existenzielle Sicherheit verloren, und erst einige Jahre später ist er zum Hof Wenzels II. zurückgekommen und hat dort das Epos vollendet. Der Schlussteil, in dem der königliche Vater seinen Sohn belehrt, wurde wohl bereits für Wenzel II. (1283-1305) geschrieben. Übrigens kommt vor dem Schluss die Widmung diesem König. Das ganze Epos umfasst 28 000 Verse.

Die nicht nur im Mittelalter beliebte Figur Alexanders wurde mehrmals als die Parallele für den König Ottokar II. benutzt. Er wurde mit Alexander schon in Sigehers Spruch verglichen, später im Jahr 1341 hat diese Metapher auch der österreichische Chronist Johann von Viktring verwendet.[44] In mehreren Passagen der *Alexandreis* zeigt sich die Identifikation Alexanders mit Ottokar ziemlich deutlich. Dreimal in dem Epos trägt der legendäre König das Wappen mit einem Silbernen Löwen auf rotem Hintergrund, also das böhmische königliche Wappen.[45] Die Abbildung von Alexander mit böhmischem Banner taucht in der Wolfenbüttelhandschrift der *Weltchronik* von Heinrich von Mügeln (14. Jahrhundert) auf, worin auch einige Passagen aus Etzenbachs Werk inkorporiert wurden. Die Schicksaale beider Könige ähneln einander. Am Anfang der Geschichte soll Alexander sein Land gegen die Ungarn verteidigen (Verse 1741ff), genau wie das auch Ottokar tat. In der Mitte des Epos (Verse 14 691-14 720) schreibt Ulrich, dass man nur eine einzige Person mit Alexander gleichstellen kann und dass das Publikum wisse, wer das sei. Dazu solle diese Person weise wie Salomon sein.

Diese Bearbeitung des Alexanderstoffes wurde sehr erfolgreich.

---

[44] Iohannis abbatis Victoriensis Liber Certarum Historiarum, MGH SS in usum scholarum separatim edidit 36, Fedorus Schneider (hrsg.), Tomus I., Hannover-Leipzig 1909, 158.

[45] Verse 3334-3338, 3361-3368 und 4381-4386, vgl. *Behr*, Literatur als Machtlegitimation, 170

Das können viele Abschriften belegen wie auch Zitate aus dem Werk in anderen Schriften, etwa in Mügelns Weltchronik. Auch der Autor der alttschechischen *Alexandreida* hat nach dem Muster von Gualter gearbeitet und einige Motive von Etzenbach direkt übernommen. Miloslav Šváb behauptet sogar, dass der anonyme Autor die *Alexandreis* von Etzenbach gelesen habe, als sie noch nicht fertig war (in der Zeit also nach dem Tode von Ottokar II.).[46] Das Alexanderepos und die dichterischen Fähigkeiten haben den König Wenzel II. von den Qualitäten des Dichters überzeugt und er hat bei Ulrich von Etzenbach noch ein Werk bestellt.

In den 90er Jahren des 13. Jahrhunderts hat also Ulrich einen bemerkenswerten höfischen Roman mit dem Charakter einer Legende *Wilhelm von Wenden* verfasst. Das Sujet unterscheidet sich von den anderen in Böhmen gedichteten Romanen, die meistens typische Personen und Themen der westeuropäischen Literatur übernommen haben. Der Autor behauptet, dass der literarische Stoff von einem Dominikaner aus einem slawischen Land nach Prag geschickt wurde. Aus dem Stoff sollte eine Legende angefertigt werden und die sollte dann wieder zurückgeschickt werden. Das Sujet habe dem Dichter ein gewisser Notar Heinrich (wahrscheinlich der königliche Notar Heinrich von Isernien) vermittelt:

*[...] dem sie ûz Wenden lande / ein predigerbruoder sande / und bat umb ein legende / daz er im die wider sende / meister Heinrîch der Walch / dise rede mir bevalch [...]*[47]

Auch dieses Epos erweckt den Anschein, an den Mäzen und an seine Persönlichkeit angepasst zu sein. Das Gedicht erzählt die

---

[46] Laut Šváb weißt nämlich der Schlussteil des alttschechischen Textes keinen Einfluss des Textes von Etzenbach. Vgl. *Miloslav Šváb*, Zur alttschechischen Alexanderkreis. Kritische Auseinandersetzung mit einigen Behauptungen über das Werk, in: Die Welt der Slawen 27, 1982, 382–421.

[47] Verse 81–90, zitiert nach *Behr*, Literatur als Machtlegitimation, 100.

Geschichte eines Wendenprinzen, d. h. eines slawischen Fürsten Wilhelm von Parrit. Dieser Wilhelm verliert als Kind seinen Vater (der ein beliebter Herrscher war), heiratet danach eine Fürstentochter aus dem Nachbarland namens Bene (auf Latein Guta, so hieß die Ehefrau Wenzels) und sie gebiert ihm Zwillinge. Das alles hat der Titelheld mit dem König Wenzel II. gemeinsam. Der Titelheld wird als Musterherrscher der Slawen und auch Deutschen geschildert, er sei in mehrerer Hinsicht Wenzels alter ego. Die Forscher sind sich einig in der Meinung, dass dieses Opus Wenzels „Machtexpansion gegenüber den slawischen Nachbarn" rechtfertigen sollte. Vor allem ging es dabei um Wenzels Interessen in Schlesien und Polen.[48]

Eine interessante Interpretation hat vor kurzem Ernst Erich Metzner angeboten. Er hat das ursprüngliche Sujet des Epos *Wilhelm von Wenden* mithilfe einer Identifizierung der Person von Wilhelm mit diversen historischen Persönlichkeiten gesucht. Metzners Meinung nach geht es um eine Geschichte aus der dänisch-slawischen Nachbarschaft, die sich im Frühmittelalter ereignete. Es gibt in dem Text mehrere Erwähnungen der realen Personen und mit ihnen verbundenen Ereignisse (z.B. der Mord des Kaisers Alexander Severus im Jahre 235 in Mainz, die Persönlichkeit des Papstes Cornelius [251 bis 253] - Verse 8246-8252). Laut Metzner diente als das historische Vorbild für den Titelhelden Wilhelm von Mainz (954-968), Sohn einer slawischen Fürstentochter (zu dieser Zeit unterlag der Slawenraum der Verwaltung der Mainzer Erzdiözese). Die Geschichte bestehe also aus mehreren Einzelgeschichten, die sich auf verschiedene, zeitlich voneinander getrennte Ereignissen beziehen, alle fanden im Raum des dänisch-slawischen Kontaktes statt.[49]

---

[48] Vgl. Ebda, 204-206.

[49] Vgl. *Ernst Erich Metzner*, Frühmittelalterliche Faktizitäten im slawisch-deutschen „Wilhelm von Wenden", in: Deutsche Literatur, Bok - Behr (hrsg.), 73 bis 110.; vgl. auch *Behr*, Literatur als Machtlegitimation, 189-191.

Diese Interpretation klingt zwar sehr interessant, sie ist aber doch etwas zu überspannt. Ulrich von Etzenbach schuf am Hof des Verehrers der Kunst, Königs Wenzel II., ein Gedicht, das Wenzel als Idealherrscher schilderte, wie es prägnant bereits von Hans-Joachim Behr dargelegt wurde: „Erst Willehalm von Wenden arbeitet mit einem gänzlich eigenen Deutungsmodell, wenn er Wenzels Hegemonialpolitik im östlichen Mitteleuropa aus der Fiktion eines frühen christlich-slawischen Großreichs unter böhmischer Führung ableitet.“[50]

Der König Wenzel II. war ein großer Mäzen. Für ihn war die Dichtung allerdings nicht nur eine Form der Repräsentation, sondern passte auch gut zu seinem Lebensstil. Das gilt vor allem für den Minnesang, der an seinem Hof gesungen und auch gedichtet wurde. Neben dem Bild eines frommen Königs (vor allem in der Königsaaler Chronik) gab es auch ein anderes Bild, nämlich eines Minnesängers auf dem Thron, der nicht nur die Dichter zahlte, sondern auch selber einer war. In der Großen Heidelberger Liederhandschrift (sog. *Codex Manesse*) sind drei Minnelieder dem böhmischen König Wenzel (*Kúnig Wenzel von Behein*) zugeschrieben.[51] Diese literarische Form, die aus okzitanischer Lyrik stammt, wurde in Böhmen erst in seiner Regierungszeit gepflegt. Diese Lieder kann man als wichtige Aussage über das Niveau des Wenzelhofes betrachten. Die Minneverse, die vor allem über ritualisierte Formen der Courtoisie und Liebe erzählen, sind nämlich auch als

---

[50] *Behr*, Literatur als Machtlegitimation, 250.

[51] Siehe Große Heidelberger Liederhandschrift (*Codex Manesse*), Codex Palatinus Germanicus 848 der Universitätsbibliothek Heidelberg, fol. 10r–11r, (zugänglich an der URL Adresse <http://digi.ub.uni-heidelberg.de/cpg848> 2.8.2008); zum Wenzel II. als Dichter vgl. *Josef Šusta*, Skládal Václav II. básně milostné?, Český časopis historický 21, 1, 1915, 217–244; *Behr*, Literatur als Machtlegitimation, 239–249; Moravo, Čechy, radujte se!, Bok - Pokorný (hrsg.), 168–175; zur literarischen Repräsentation von Wenzel II. *Ursula Schulze*, Wenzel II. Literarische Repräsentation, in LexMA 8, Sp. 2189–2190.

eine spezifische Selbstreflexion des Lebensstils der Hofgesellschaft zu verstehen.

Mit dem Přemyslidenhof wird auch ein sehr berühmter Minnesänger verbunden. Es geht um Heinrich von Meißen (Spitzname „Frauenlob"). Der hatte enge Verbindungen mit dem Kanzler Wenzels II. Peter von Aspelt gepflegt und war vielleicht dank ihm in Kontakt mit König Wenzel getreten. Der Dichter wurde in einer Illumination im *Codex Manesse* verewigt, als Violinspieler in einer kleinen Gruppe von Musikern, die einen König erheitert. Der König könnte durchaus Wenzel II. sein. Frauenlob war an der Wende des 13. und 14. Jahrhunderts sehr einflussreich, sein Stil hat musikalisch noch Guillaume de Machaut und stilistisch Johannes von Tepl, den Autor von *Ackermann aus Böhmen*, geprägt.[52]

Die Kultur des (nicht nur literarischen) Mäzenatentums hat sich in Böhmen von dem Königshof an die Adelshöfe ausgebreitet. Der bedeutendste, für die adeligen Auftraggeber arbeitende Dichter war Heinrich von Freiberg.[53] Er hat für den Adeligen Raimund von Lichtenburg (in Urkunden nachgewiesen in dem Zeitraum 1261–1329) den Roman *Tristan* von Gottfried von Strassburg um 7 000 Verse ergänzt und damit vollendet.

*[...] er ist ouch under schilde / ein ritter vrech und gar kurtois / und ist ein Liuchtenburgonois. / von Liuchtenburc ist er genant. / sîn name in*

---

[52] Frauenlobs Illumination in Codex Manesse fol. 399r; zu seiner Wirkung in Böhmen vgl. *Karl Bertan*, Heinrich von Meißen, in: LexMA 4, 2097–2100; *Behr*, Literatur als Machtlegitimation, 234–239; Moravo, Čechy, radujte se!, Bok - Pokorný (hrsg.), 175–180.

[53] Zu Heinrich von Freiberg vgl. Moravo, Čechy, radujte se!, Bok - Pokorný (hrsg.), 140–144; *Behr*, Literatur als Machtlegitimation, 220–225; *Kraus*, Jan z Michalovic, 7–31; *Karlheinz Blaschke*, Heinrich von Freiberg, in: LexMA 4, Sp. 2090–2091; *Martin Bažil*, Zu der Heinrich von Freiberg zugeschriebenen Kreuzholzlegende, in: Deutsche Literatur, Flieger - Bok (hrsg.), 47–63.

*êren ist bekannt / und ist genennet er Reimunt. / jâ reine ist in sînes*
*herzen grunt / ist er âne allez kunterfeit, / der rechten reinen reinekeit /*
*gar sîner tât sîner werc / dem ich Heînrich von Vrîberc / voltichte disen*
*Tristan, / als ich allerbeste kann.*[54]

Sein nächstes Werk war die Beschreibung der *Ritterfahrt Jo-*
*hanns von Michelsberg.* Es geht um ein kurzes Gedicht (320 Verse),
in dem die Reise eines böhmischen Adeligen nach Paris beschrieben wird. Der Ritter von Michelsberg fährt nach Paris und dort be-
siegt er im Lanzenbrechen zwei französische Ritter. Die Frage, ob
die Dichtung eine wirkliche Geschichte erzählt, ist nicht einfach
zu beantworten. Gegen 1300 hat in Böhmen ein Ritter namens Jan
z Michalovic tatsächlich gelebt und in der Reimchronik des sog.
Dalimils wird seine Reise erwähnt:

*To sě sta léta ot narozenie syna božieho / po tisíci po dvú stú po devietid-*
*cát třetieho. / Tehdy pan Jan z Michalovic, kóle po Rýnu, až do Paříže*
*jide, / tu ctně práve klav, túž cěstú se čstí do Čech i přijide.*[55]

Es könnte durchaus sein, dass dieser Jan z Michalovic (Johann
von Michelsberg) tatsächlich ein Turnier in Paris gewonnen hatte
und mit diesem spektakulären Erfolg in Böhmen so große Wellen
schlug, dass er zum literarischen Helden geworden ist (oder auch
umgekehrt: eine literarische Figur stilisierte vielleicht der Chronist
zu einem realen Ritterhelden).

---

[54] Heinrich von Freiberg, Alois Bernt (hrsg.) I. Teil: Einleitungen, II.Teil:
Texte, Halle 1906, Verse 72–84; hier zitiert nach *Behr*, Literatur als Machtlegitimation, 221.

[55] „Das geschah im Jahr 1293. Damals fuhr Herr Johannes von Michelsberg
zum Rhein bis er nach Paris kam und dort tugendhaft kämpfte und zurück
nach Böhmen ehrenhaft kehrte." Staročeská kronika tak řečeného Dalimila,
Bd. 2, Jiří Daňhelka - Jaroslav Hádek - Bohuslav Havránek - Naďa Kvítková
(hrsg.), Praha 1988, 437.

Ein wichtiges Zentrum des adeligen Mäzenatentums war Neuhaus (Jindřichův Hradec), die Residenz der Herren von Neuhaus, eines Zweiges der südböhmischen Magnatenfamilie der Witigonen. Im Neuhaus war aber vor allem eine Mäzenin tätig, Marie, die Ehefrau Ulrichs von Neuhaus. Beide Eheleute werden im anonymen Gedicht *Die Kreuzfahrt des Landgrafen Ludwigs des Frommen von Thüringen* erwähnt. Dieses in Schlesien verfasste Werk gehört zum böhmischen Kulturkreis (der Autor erwähnt noch andere böhmische Adelige und auch den König Wenzel II.). Marie stammte aus der niederösterreichischen Adelsfamilie Player-Hardegg; ihre Vorliebe für die deutsche Literatur hat sie vielleicht aus ihrem Elternhaus mitgebracht. Auf ihre Bestellung wurde in den 90er Jahren des 13. Jahrhunderts auf mittelhochdeutsch die *Adventsbetrachtung*, ein Teil von *Legenda Aurea*, umgedichtet. Dieses Gedicht bezeugt eine schnelle Rezeption der europäischen Kulturphänomene im Böhmen der letzten Přemysliden, weil Jacob de Voragine die Goldene Legende in den 60er Jahren in Norditalien verfasste.[56] Einen Transfer der italienischen und südfranzösischen Inspirationen über Österreich nach Böhmen stellte bereits Václav Černý fest. Seiner Meinung nach war dies der eine Weg des Kulturtransfers nach Böhmen, der andere lief über das Reich.[57]

*   *   *

Zusammenfassend kann man festhalten, dass die Tatsache, dass zuerst die Spruchdichtung ein interessiertes Publikum in Böhmen fand, also die Gattung, die die Zuhörer über die richtige ritterliche Weltanschauung belehrt, kein Zufall ist. Die Epik eignete sich mehr für ein schon belehrtes Publikum, da darin die Adels-

---

[56] Zum Literatur am Adelshof vgl. Moravo, Čechy, radujte se!, Bok – Pokorný (hrsg.), 131–147.

[57] *Václav Černý*, Staročeská milostná lyrika a další studie ze staré české literatury, Praha 1999², 95–103.

ethik und Tugendlehre in einem komplizierten Narrativ verschlüs-
selt wurde. Genauso wie bei der Übernahme der literarischen Formen aus dem französischen Sprachraum in die deutschsprachige
Dichtung wurden manche Gattungen rezipiert und andere nicht.[58]
Die zwei anderen Gattungen – Minnelied und der höfische Roman
fanden auch in Böhmen ihren Platz, nur etwas später.[59]

Während in der mittelhochdeutschen Literatur erst die Minnelieder geschrieben wurden und ab den achtziger Jahren des 12. Jahrhunderts auch der Sangspruch folgte, war die Entwicklung in Böhmen gerade umgekehrt. Seit den dreißiger Jahren des 13. Jahrhunderts haben die Dichter in Böhmen Sangsprüche gedichtet. Später
in der Zeit Ottokars II., als die Vorstellung vom Idealherrscher ihre
feste Form annahm, wurden auch epische Gedichte bestellt und
erst in den neunziger Jahren tauchte am Hof Wenzels II. auch hei-
mische Minnelyrik auf. Für den Minnesang war wahrscheinlich das
Publikum lange nicht vorbereitet und die Kulturatmosphäre des
Hofes Ottokars hat eher die Heldengeschichten mit Beifall begleitet als die verfeinerte Kunst der Courtoisie.

Der höfische Roman sollte der Meinung Erich Auerbachs
nach nicht als Imitat der Realität dienen, sondern die Flucht ins
Märchen ermöglichen.[60] Das anerkannte Ethos und Ideal hat als

---

[58] Siehe dazu *Bumke*, Die romanisch-deutschen Literaturbeziehungen, 19:
„Aus dem großen Reichtum der französischen Literatur haben die deutschen
Dichter eine Auswahl getroffen, die sicher nicht in erster Linie ihren persönlichen Geschmack spiegelt, sondern von den Erwartungen des Publikums bestimmt war. Nur zwei Gattungen haben ganz stark nach Deutschland gewirkt:
das Minnelied und der höfische Roman.“

[59] Vgl. Rytířské srdce majíce. Česká rytířská epika 14.století, Eduard Petrů
– Dagmar Marečková (hrsg.), Praha 1984; oder zuletzt *Alfred Thomas*, Čechy
královny Anny. Česká literatura a společnost v letech 1310–1420, Brno 2005
(eng. Original: Anne's Bohemia. Czech Literature and Society, 1310 – 1420,
Minneapolis 1998).

[60] Siehe *Erich Auerbach*, Mimesis. Zobrazení skutečnosti v západoevropských

Identifikationsmuster die Stellung des Adels klargestellt. Nur ein Adeliger kann in dem höfischen Roman an einer *Avantiure* teilnehmen, und in der Regel gibt es in der Erzählung nur zwei Aktivitäten die eines Ritters würdig seien – der Kampf (die Avantiure) und die Liebe (die Minne).

Der Roman *Tristan* von Heinrich von Freiberg zeigt, dass auch diese Ideale während der Übernahme ein wenig umgewandelt wurden. Diese Änderungen können uns interessanterweise über die Vorstellungen des Publikums informieren, was die ritterlichen Tugenden betrifft. Heinrich von Freiberg betont in seinem Tristan die Liebe zu Christus. Das ganze Gedicht hat eine verhüllte starke moralisch-religiöse Bedeutungsdimension, und der Autor fordert die Christen auf (*wir Cristen*, Vers 6870) die wahre Liebe Gott zu widmen. Das bedeutet nicht, dass er die Liebe Tristans zu Isolde negativ einschätzen würde. Eher versucht er das grausame Schicksal der beiden zu deuten und es „als Folge der Unzuverlässigkeit der Welt"[61] interpretieren.

Interessant sind auch Heinrichs Schilderungen des Hoflebens. Während Gottfried von Strassburg die Hoffeste und Zeremonien sehr einfach und schematisch beschreibt (was aber gar nicht typisch für die deutschen Dichter ist), widmet ihnen Heinrich von Freiberg viel mehr Aufmerksamkeit. Der Autor will aber damit nicht den Lebensstil verherrlichen. Er zeigt, dass ein Ritter wie Tristan viele Regeln der Ritterwelt und des höfischen Verhaltens respektieren muss, um am Hof unter anderen leben zu dürfen. Seine Offenheit macht ihm viele Probleme und wenn er versucht, in der Freiheit zu leben, wird er auf der Stelle an den Rand der

---

literaturách, Praha 1998 (Dt. Original: Mimesis. Dargestellte Wirklichkeit in der abendländischen Literatur, Bern–München 1971[5]), 107–123.

[61] *Alan Deighton*, Ein Anti-Tristan? Gottfried-Rezeption in der ‚Tristan'-Forsetzung Heinrichs von Freiberg, in: Deutsche Literatur, Bok – Behr (hrsg.), 111–126, hier 126.

höfischen Gesellschaft gedrängt. Schließlich verlässt Tristan seine Liebe und kehrt zu seiner Ehefrau zurück, womit er die gegebenen Regeln akzeptiert. In der Interpretation Heinrichs von Freiberg ist dieses Tun nicht der Grund für Tristans Tod. Dieser kommt durch Zufall und die Grausamkeit der Welt.[62] Um diesen Charakter des Werkes zu erklären, kann Gerd Althoff inspirativ sein. Nach ihm können wir die mittelhochdeutsche Dichtung als Quelle für das ritualisierte und formalisierte Verhalten betrachten. Sie kann uns zeigen, welche Regeln und Konventionen in der höfischen Gesellschaft dominieren sollten.[63]

Als Indikator dafür kann uns auch die tschechischsprachige Literatur des 14. Jahrhunderts dienen. Daran können wir feststellen, ob die Tugendlehre der deutschsprachigen Literatur in Böhmen die spätere tschechische Dichtung beeinflusst hat, also ob die darin enthaltene Weltanschauung die böhmische adelige Gesellschaft verinnerlicht hatte. Alfred Thomas betont, dass die Tendenz der alttschechischen *Alexandreida* (die er zwischen 1290–1300 datiert) und ihres Autors, der das Ideal eines spirituellen Rittertums vor Augen haben und für eine geistige Erbauung seiner Zuhörer schreiben sollte, sich von der Tendenz Ulrichs von Etzenbach unterscheide. Dieser sollte mit einer säkularisierten Vorstellung von dem Rittertum für das höfische Publikum gedichtet haben.[64] Laut Thomas hat sich der alttschechische Autor von dieser am Přemyslidenhof herrschenden Vorstellung abgegrenzt und Alexander als traditionelles Model und als idealen *Miles Dei* geschildert.[65]

---

[62] *Hans-Joachim Behr*, ‚Mîn kranker sin, mîn unvornunst / gestaten mir zu reden nicht'. Repräsentation und höfische Verhaltensmuster im ‚Tristan' Heinrichs von Freiberg, in: Deutsche Literatur, Bok – Behr (hrsg.), 127–144.

[63] *Gerd Althoff*, Spielen die Dichter mit den Spielregeln der Gesellschaft?, in: Ders., Inszenierte Herrschaft. Geschichtsschreibung und politischen Handeln im Mittelalter, Darmstadt 2003, 251–274.

[64] *Thomas*, Čechy královny Anny, 58.

[65] Ebda, 65–167.

Eine Unzufriedenheit mit der Rezeption der abendländischen ritterlichen Ideale zeigt auch der sog. Dalimil, Autor der alttschechischen Reimchronik, der scharf das Abhalten der Turniere kritisiert.[66] Allerdings geht aus seinem Werk hervor, dass er die höfische Literatur gut kannte. Er schildert, wie der Adelige Hynek von Dubá „den Deutschen" so viel Angst eingejagt haben sollte, dass er von ihnen „*Dětřich Berúnský*" (Dietrich von Bern, der legendäre Held) genannt wurde.[67] Die Erzählung über Roland und sein Zauberschwert kannte er auch sehr gut und sie als blumiges Gleichnis verwendet:

*Neb také mohla síla k meči přistúpiti, / ač by řeč i mohla pravdú býti, / jakž sě čte též o Rulantovi, / když sě stala škoda ot pohanóv královi.*[68]

Kuriose Erwähnung über Böhmen als ein Land der Ritterkultur finden wir im Gedicht *Meier Helmbrecht* des österreichischen Autors Wernher der Gaertnere (verfasst zwischen 1250–1280). Dort spricht ein „Ritter", der nach Hause kommt, seine Familie in den Sprachen der höfischen Kultur an - lateinisch, französisch, flämisch und - tschechisch!

*Zu der muoter sprach er sâ bêheimisch: Dobra ytra [...]*[69]

Zu Unrecht werden in den tschechischen Geschichtsbüchern die Denkmäler der mittelalterlichen deutschen Dichtung nur am Rande behandelt. Prag war das Zentrum der letzten Blüte der deutschen Dichtung, weil die Mäzene im Reich allmählich verschwan-

---

[66] Dazu vgl. *Macek*, Das Turnier.

[67] Staročeská kronika tak řečeného Dalimila II, 422: *Tak sě jeho Němci bojiechu, až jej Berúnským Dětřichem zoviechu.*

[68] Staročeská kronika tak řečeného Dalimila I, 594.

[69] *Václav Černý*, Staročeská milostná lyrika, 102.

den.[70] Vor allem die spezifischen Überarbeitungen, die die Dichter
für böhmische Mäzene geschrieben haben, können für Historiker
sehr interessant sein.

Der Prozess der Übernahme der „Technologie" der mittelhochdeutschen Dichtung in Böhmen kann als ein Modell für die
Innovation und Modernisierung im Mitteleuropa des Mittelalters
dienen. Dieser Prozess spiegelt die Kolonisationsgeschichte wider:
In der ersten Phase kamen Fachleute, in diesem Fall waren es Dichter, nach Böhmen. Diese Dichter arbeiteten für die böhmischen
Mäzene. In der nächsten Phase wurde das *Know-how* von den Einheimischen übernommen und erweitert und modifiziert auf der
Basis der eigenen Traditionen. In der Literatur in Böhmen kann
man zwei Phasen unterscheiden – erst wurde auf Deutsch und später auch auf Tschechisch gedichtet. Im Großen und Ganzen ist
dieser Prozess identisch mit dem Prozess der Aneignung der juristischen oder technologischen Innovationen. Die Übernahme umfasst Gattungen, Figuren, Geschichten und die Weltdeutungsmus-
ter, aber vieles wurde an böhmische Bedingungen angepasst. Wie
genau und in welcher Wechselbeziehung zu den Quellen der ursprünglichen Inspiration, ist in der Zukunft zu erforschen.

---

[70] *Martin Lintzel*, Mäzene der deutschen Literatur im 12. und 13. Jahrhundert
(1933), in: Literarisches Mäzenatentum. Ausgewählte Forschungen zur Rolle des Gönners und Auftraggebers in der mittelalterlichen Literatur, Jochim
Bumke (hrsg.), (Wege der Forschung 598) Darmstadt 1982, 65.

# Die mittelalterliche Kolonisation
## Vergleichende Untersuchungen

Herausgegeben von Michael Brauer, Pavlína Rychterová und Martin Wihoda

Umschlaggestaltung: Hana Blažejová
Für den Umschlag wurde eine Zeichnung aus dem Besitz
des Archivs des Instituts für Archäologie der Karls-Universiät Prag
mit dem Erlaubnis von Prof. Dr. Jaroslav Klápště (angefertigt aufgrund
der Illumination aus der sog. Wenzelsbibel, Wien, ÖNB, cod. 2759,
fol. 162r: „Landesvermessum mithilfe eines Seils") benutzt.
Verlagslektorin: Marie Vučková
Typografie und Satz: Jana Andrlová, Mělník
Herausgegeben vom Zentrum für mediävistische Studien, Prag,
im Verlag

FILOSOFIA
nakladatelství
Filosofického ústavu
AV ČR
ΦΙΛΟΣΟΦΙΑ

als seine 279. Publikation
Druck: PBtisk, s.r.o., Příbram
Prag 2009
196 Seiten
Erste Auflage

ISBN 978-80-7007-308-7